Marco Eberhard

Stropter und Volairmobil

Praxisnahes Projektmanagement

Eine Ideensammlung für Projektleiter

Stropter und Volairmobil

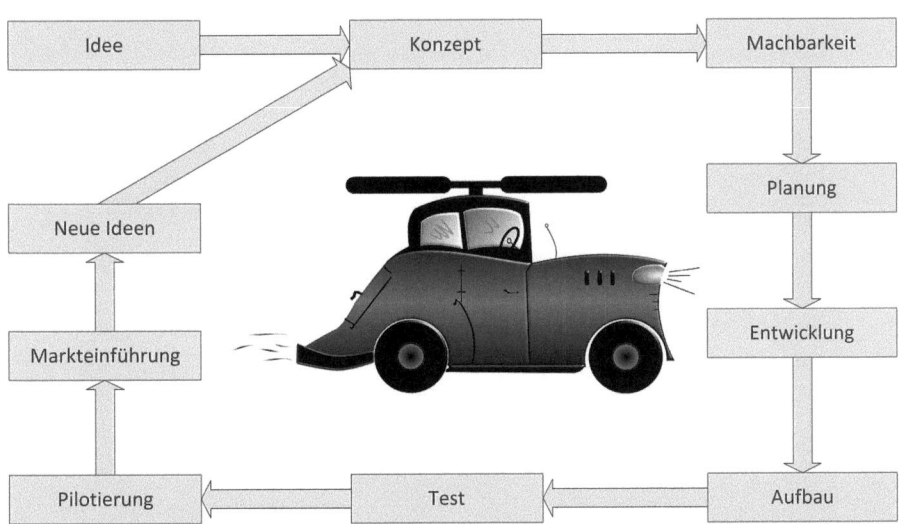

Praxisnahes Projektmanagement

Marco Eberhard

2016

Bibliografische Information der Deutschen Nationalbibliothek:
Die Deutsche Nationalbibliothek verzeichnet diese Publikation
in der Deutschen Nationalbibliografie; detaillierte bibliografische
Daten sind im Internet über http://dnb.dnb.de abrufbar.

© 2016 Marco Eberhard

Herstellung und Verlag

BoD Books on Demand, Norderstedt

Alle verwendeten Cliparts stammen aus der lizenzfreien Sammlung auf Open-Clipart.org.

ISBN 9783739231051

1	Vorwort	7
2	Grundsätzliches zu Projekten	9
2.1	Was ist ein Projekt?	9
2.2	Woran scheitern manche Projekte?	9
2.3	Die magische Pyramide	10
2.4	Die 10 Erfolgsfaktoren des Projektmanagements	11
2.5	Unternehmensstrategie, Innovationsmanagement und Projektportfolio	12
2.6	Firmenleitung	13
2.7	Geheimhaltung und Vertraulichkeit	14
2.8	Projektmanagement	16
2.9	Steuerung eines Projektes	18
2.10	Organisationsformen von Projekten	19
2.11	Projektorganisation	20
2.12	Prozesse in Projekten	23
2.12.1	Projektreporting	23
2.12.2	Dokumentenüberarbeitung (Review)	24
2.13	Das Pflichtenheft (Lastenheft)	24
2.13.1	Wie komme ich zu einem vollständigen Pflichtenheft	30
2.14	Qualitätsoptimierung	31
2.15	Der Projektstrukturplan	32
2.16	Der Business-Case (Kosten-Nutzen-Analyse, Wirtschaftlichkeitsrechnung)	34
2.17	Änderungsmanagement (Change Management)	39
2.18	Risikomanagement	41
2.19	Stakeholder Management	44
2.19.1	Die Stakeholder – Analyse	48
2.20	Projektphasen	50
2.21	Meilensteine und Quality-Gates	53
2.22	Klassisches Projektmanagement und agile Entwicklungs-Methoden	54
2.22.1	Agile Entwicklung innerhalb eines Projektes	55
2.22.2	Agiler Ansatz bei Handelsprodukten und Services	56
2.23	Arbeitslast (Workload) in einem Projekt	57
2.24	Lean-Ansatz im Projekt Management	58

3	Durchführung von Projekten	60
3.1	Das Vorprojekt und Design	60
3.1.1	Idee und Anstoss	60
3.1.2	BID – oder die Entscheidung, das Vorprojekt zu starten	60
3.1.3	Die Konzeptphase	61
3.1.4	Das Design (Spezifikation des Projekt-Endproduktes)	65
3.2	Die Projektfreigabe	67
3.2.1	Der Projektvertrag	68
3.3	Projekt-Initiierung	70
3.3.1	Definieren des Projektplanungs- und Steuerungstools	71
3.3.2	Lieferobjekte und Teilprojekte	72
3.3.3	Projektphasen	73
3.3.4	Projektstrukturplan	74
3.3.5	Projektorganisation	74
3.3.6	Kostenmanagement	75
3.3.7	Aufgabenmanagement	75
3.3.8	Zeitmanagement	75
3.3.9	Personalmanagement (Ressourcenmanagement)	76
3.3.10	Statusmeetings	77
3.3.11	Offene Punkte (Open Issues)	79
3.3.12	Risikomanagement	81
3.3.13	Kommunikationskonzept	81
3.3.14	Projekt-KickOff	82
3.4	Build (Aufbau)	83
3.5	Test	85
3.6	Pilotierung	87
3.7	Rollout / Inbetriebsetzung	89
3.8	Rückbau der alten Lösung	90
3.9	Projekt Cleanup	91

1 VORWORT

Willkommen zu dieser Anleitung für praxisnahes Projektmanagement. Dieses Buch richtet sich an Projektleiter verschiedenster Branchen. Die Informationen sind als Tipps und Denkanstösse gedacht und mit Beispielen dokumentiert. Die Ausprägungen der einzelnen Themen im konkreten Projekt sollten jedoch individuell abgesteckt werden.

Stropter und Volairmobil sind Ideen, welche uns nachfolgend als roter Faden durch die sonst trockene Materie des Projektmanagements führen. Der Stropter und das Volairmobil sind Strassenfahrzeuge, die mittels einem Spezialantrieb über kurze Distanzen fliegen können. Eine direkte Konkurrenz der beiden Projekte besteht jedoch in den Fallbeispielen nicht. Begleiten Sie mich bei der Entwicklung und Markteinführung dieser beiden Transportmittel.

Die Beschreibungen des Projektes „Stropter" sind in der Schrift Arial kursiv geschrieben, jene des Projektes „Volairmobil" in der Schrift Arial.

Die Story ist absichtlich überspitzt geschrieben, um von der langweiligen Theorie wegzukommen. Sowohl Handlung, als auch alle Namen, sind frei erfunden. Jede Ähnlichkeit mit lebenden oder verstorbenen Personen ist unbeabsichtigt und zufällig.

Projekte können infolge mangelnder Planung, schlechtem Projektmanagement, fehlendem Risikomanagement, ungenauen Spezifikationen und unklaren Projektabgrenzungen scheitern. Ziel dieses Buches ist es, Anregungen zu geben, wie die schlimmsten Fehler in Projekten vermieden werden können.

Meine nachfolgenden Ausführungen basieren teilweise auf theoretischen Grundlagen, hauptsächlich jedoch auf praktischer Erfahrung mit Projekten. Meine eigenen Projekterfahrungen stammen aus der IT-Branche. Die meisten daraus gewonnenen Erkenntnisse (Lessons learned) können jedoch problemlos in andere Branchen adaptiert werden.

Ich bin IPMA und PRINCE2® zertifizierter Projektleiter, TOGAF® zertifizierter IT Architekt und habe jahrelange Erfahrung als Leiter einer Betriebsabteilung. Dieses Buch schreibe ich hauptsächlich aus der Praxis für die Praxis. Lesen Sie es kritisch, machen Sie sich eigene Gedanken dazu und nutzen Sie jene Elemente, die Sie überzeugen.

Gleich ein Tipp zu Beginn:

Nicht in jedem Projekt muss ein Projektmanagement in vollem Umfang durchgeführt werden. Machen Sie also kein Projektmanagement um des Projektmanagements willen. Die Projektadministration soll sich an der Grösse und an der Komplexität der Aufgabe orientieren.

Begriffe:

<u>Projekt Endprodukt, Lösung:</u> Abstrakte Begriffe dafür, was am Ende des Projektes erstellt, erreicht, gebaut oder verkauft werden soll.

<u>Konzept, Architektur:</u> Begriffe für eine grobe Lösungsbeschreibung. Es werden sowohl technische Elemente, als auch Prozessabläufe beschrieben. Die Beschreibung erfolgt auf Modul-Ebene. Das „Was" und „Wann" steht im Vordergrund.

<u>Design:</u> Verfeinerung von Konzept und Architektur. Die Module werden aufgebrochen und detailliert gezeichnet und beschrieben. Das „Wie" steht im Vordergrund. Baupläne und Stücklisten sind wichtige Design-Bestandteile.

<u>Build:</u> Projektphase, in welcher am Produkt gebaut wird.

<u>Social Engineering:</u> Methoden und Vorgehensweisen, um Mitarbeitende zu veranlassen, Informationen über die Firma oder ein Produkt preiszugeben, welche nicht für die Öffentlichkeit bestimmt sind.

<u>HR:</u> Human Ressources, die Personal-Abteilung einer Firma

<u>Parameter:</u> Einflussgrösse, Toleranzvorgabe, Konfigurationswert

<u>Business-Case:</u> Finanzielle Betrachtung einer Machbarkeitsstudie

<u>Return on Investment (ROI):</u> Kennzahl in einem Business-Case, die darüber Auskunft gibt, wie lange es dauert, bis das Projekt rentabel ist.

<u>Quality-Gate:</u> Dies ist ein Zeitpunkt, wo ein oder mehrere definierte Qualitätsdokumente vorliegen müssen (Behördenzertifikate, Testergebnisse, formelle Freigabe eines Verantwortlichen). Sind die Voraussetzungen für ein Bestehen dieses Quality-Gate nicht gegeben, sollte der nächste Schritt im Projekt nicht angegangen werden.

2 GRUNDSÄTZLICHES ZU PROJEKTEN

2.1 WAS IST EIN PROJEKT?

Ein Projekt ist eine Zusammenfassung aller Aktivitäten und Vorgänge, die nötig sind, ein beschriebenes Ergebnis zu erzielen. Jedes Projekt ist zeitlich begrenzt. Ein weiteres Merkmal eines Projektes ist seine Einmaligkeit. Es gibt keine zwei identischen Projekte. Generell wird ein Projekt in einer temporären Organisationsform geführt, die sich nach Projektabschluss wieder auflöst.

2.2 WORAN SCHEITERN MANCHE PROJEKTE?

Ganz klar: an unpräzisem und lückenhaftem Pflichtenheft, fehlender Dokumentation, mangelnder Kommunikation, undisziplinierter Planung und Koordination, sowie fehlenden Ressourcen und an Kompetenzstreitereien.
Ein Beispiel:

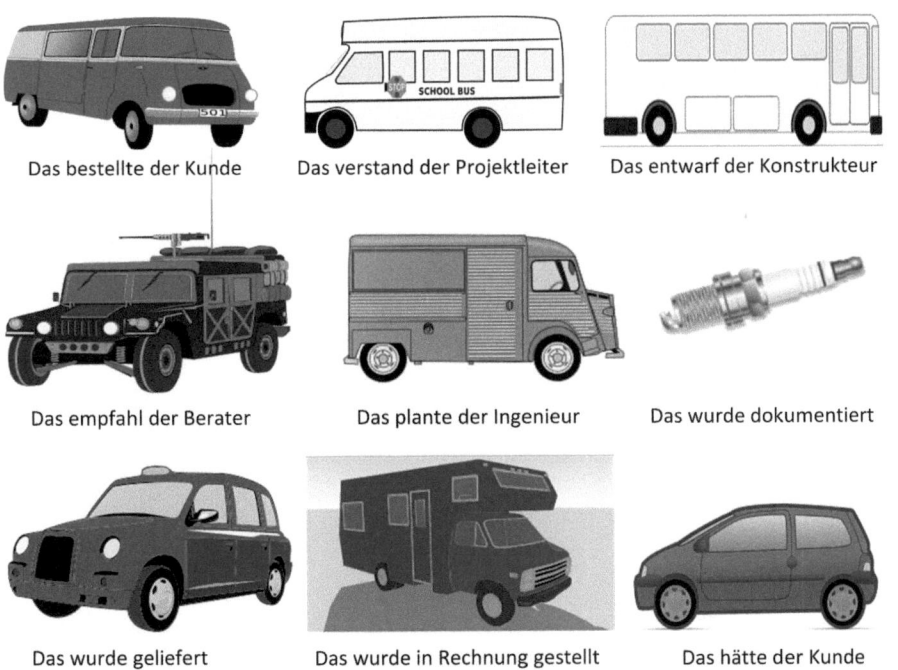

2.3 DIE MAGISCHE PYRAMIDE

Normalerweise spricht man von einem erfolgreichen Projekt, wenn dieses bezüglich Terminen, Kosten und Qualität - also den Vorgaben entsprechend - abgeschlossen werden konnte. Wirklich *erfolgreiche* Projekte erfüllen darüber hinaus noch weitere Kriterien: sie schliessen mit der Zufriedenheit des Kunden (oder Auftraggebers), der Mitarbeitenden im Projekt und anderer Interessengruppen ab.

In der Literatur über Projektmanagement wird generell vom „magischen Dreieck" gesprochen. Dieses zeigt die gegenseitigen Abhängigkeiten zwischen Ziel, Terminen und Aufwand. Der Mensch als vierte Abhängigkeit wird dabei übersehen. Um dem Faktor „Mensch" gerecht zu werden, muss das magische Dreieck um eine weitere Dimension ergänzt werden. So wird es zur „magischen Pyramide":

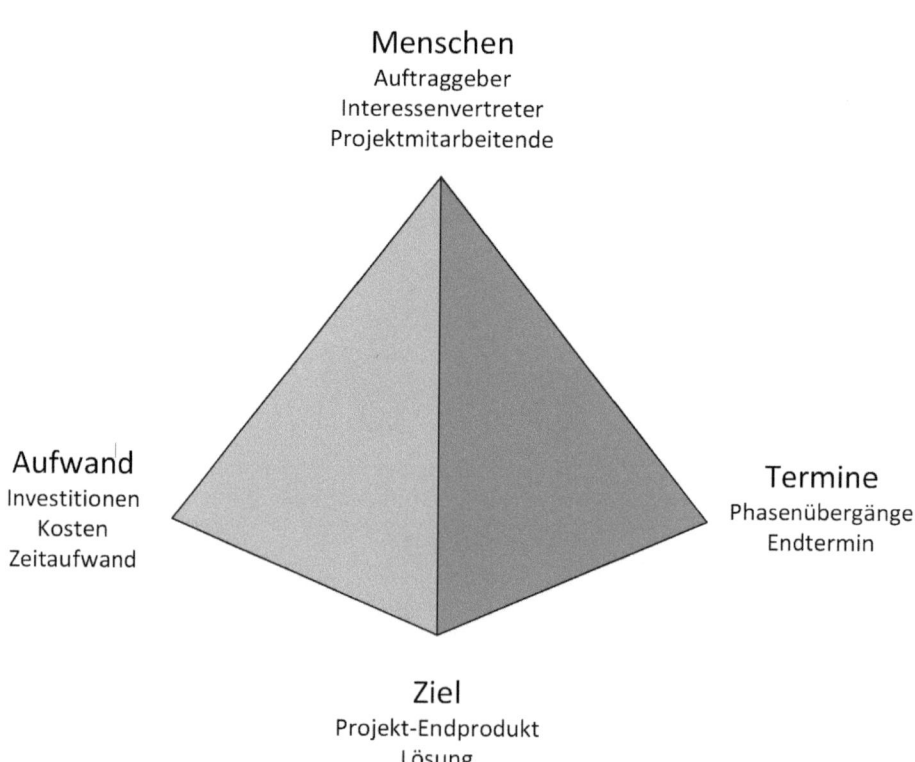

2.4 Die 10 Erfolgsfaktoren des Projektmanagements

1. **Das Pflichten- oder Lastenheft**
   Eine gute Ziel- und Auftragsformulierung sind das A und O erfolgreicher Projekte. Für diese Zielformulierung sind der Auftraggeber und der Auftragnehmer gleichermassen verantwortlich.

2. **Ressourcen**
   Nur wenn genügend Ressourcen in Form von Personal, Material und finanziellen Mitteln zur Verfügung stehen, wird das Projekt erfolgreich sein.

3. **Projekt Management**
   Der Einsatz erfahrener Projektmanager zahlt sich aus. Rein theoretisches Wissen allein kann die Erfahrung eines Senior Project Managers nicht ersetzen.

4. **Prozesse und Tools**
   Erst dann, wenn alle Projektmitarbeitenden in den Prozessen und Tools geschult sind, können sie die Vorteile daraus nutzen. Damit aus der Erfahrung von früheren Projekten Nutzen gezogen werden kann, sollten sich die Projekt-Prozesse und Tools im Unternehmen nicht oft ändern.

5. **Umfassende Denkweise**
   Isoliertes, beziehungsweise einseitiges Bereichs- und Kostenstellendenken kann bereichsübergreifende Projekte gefährden. Eine ganzheitliche Denkweise ist für Projekte von Bedeutung.

6. **Dokumentation**
   Eine strukturierte und vollständige Dokumentation vermindert Leerläufe und Doppelspurigkeiten. Sie ist unerlässlich für die Übergabe des Projektergebnisses in den Betrieb oder in die Produktion.

7. **Kommunikation**
   Die richtige Information zur richtigen Zeit am richtigen Ort ist ein wesentlicher Erfolgsfaktor für jedes Projekt. Nur wenn der Projektleiter die Kommunikations-Schnittstellen (wer kommuniziert wann mit wem) definiert hat, ist ein effizienter und inhaltlich korrekter Informationsfluss sowohl innerhalb des Projektes als auch nach aussen gewährleistet.

8. **Risiko-Management**
   Aktives Risikomanagement schützt vor bösen Überraschungen.

9. **Einbinden des Auftraggebers**
   Wenn dem Auftraggeber die Möglichkeit geboten wird, die Fortschritte zu verfolgen, wird er auch beim allfälligen Auftreten von Schwierigkeiten den Projektleiter unterstützen.

10. **Aktives Mitdenken aller Beteiligten**
    Jeder Projektmitarbeitende nimmt das Projekt aus seiner Position wahr. Dass er dadurch eigene Ideen und Vorstellungen entwickelt, eigene Sichten auf Risiken identifiziert usw. ist eine zusätzliche Chance für jedes Projekt. Deshalb ist die Förderung des aktiven Mitdenkens ein wichtiger Erfolgsfaktor für Projekte.

2.5 UNTERNEHMENSSTRATEGIE, INNOVATIONSMANAGEMENT UND PROJEKTPORTFOLIO

Wer bei der Firma „Nacht & Nebel" nach der Firmenstrategie fragt, bekommt zur Antwort: „Wir machen alles, was der Kunde will oder noch gar nicht weiss, was er wollen wird. Wir gehen in Vorleistung und entwickeln die Produkte der Zukunft. Jeder Mitarbeitende, der eine Idee hat, baut seinen Prototyp bis zur Marktreife. Dann wird der Markt bearbeitet und die neuen Produkte werden verkauft. Das gibt uns Geld für die Umsetzung weiterer Ideen."

Auf dieselbe Frage bekommt man bei der Firma „Fadenkreuz & Schuss" folgende Antwort: „Wir fokussieren unsere Aktivitäten auf die Entwicklung von Produkten mit hohem Markt- und Margenpotential. Damit kein Wildwuchs entsteht, betreiben wir ein aktives Ideenmanagement. Zukunftsträchtige Ideen werden nach eingehender Prüfung gezielt umgesetzt. Um effizient arbeiten zu können, setzen wir nur wenige Ideen gleichzeitig um. So fokussieren wir unsere Ressourcen auf die Einführung weniger aber erfolgreicher Produkte.

Eine schlank und klar formulierte Strategie ist ein Erfolgsfaktor für jedes Unternehmen. Wenn sich alle Mitarbeitenden an einer solchen Strategie orientieren können, ist gewährleistet, dass sie gemeinsam an einem Strick ziehen.

Ein weiterer Erfolgsfaktor ist ein gutes Innovationsmanagement, manchmal auch Ideenmanagement genannt. Das Innovationsmanagement ist ein Prozess, in welchem Ideen von innen und von aussen aufgenommen, gesammelt und bewertet werden. Quellen neuer Ideen können sein:

- Geistesblitze von Mitarbeitenden
- Kunden, die ihre Bedürfnisse anmelden
- Technologietrends, welche neue Möglichkeiten schaffen und eröffnen.
- Das Verhalten der Konkurrenz

Ein effizientes Innovationsmanagement sammelt nicht nur Ideen, sondern bewertet diese auch und lässt die potentialträchtigen davon aktiv bis zur Projektfreigabe reifen. Das Innovationsmanagement hat ein wachsames Auge auf Ideen in Umsetzung – ist also auch ein Projektportfolio Management.

Ob ein Innovationsmanagement erfolgreich arbeiten kann, hängt im Wesentlichen von der Unternehmenskultur ab. Eine offene, respektvolle Firmenkultur fördert die Kreativität und damit auch ein gutes Innovationsmanagement.

2.6 Firmenleitung

Herr Raketentrieb, Leiter der Abteilung Technik und Innovation der Firma „Nacht & Nebel" ist ein Technikfreak. Er hört vom Projekt Stropter und ist hell begeistert. Er reisst das Projekt an sich und gibt es - ohne das OK der Geschäftsleitung einzuholen - umgehend frei. Am nächsten Management Meeting erntet er Schelte, denn der CFO kämpft derzeit mit zu niedrigem Cash Flow, und der CEO findet der Stropter überhaupt nicht in seine Firmenstrategie passend. Der Marketingchef gibt bekannt, bereits von einer Art „flying citycar" eines asiatischen Konkurrenten gehört haben.

Die Firmenleitung will sich trotzdem nicht klar gegen das Projekt stellen. So wird Folgendes entschieden: „Da bereits am Stropter gearbeitet wird, lassen wir ihn auf Sparflamme weiterlaufen. Die Mittel dazu werden in kleinen Tranchen freigegeben, denn anderes hat Priorität."

Herr Umsicht von der Firma „Fadenkeruez & Schuss" leitet die Abteilung „Forschung und Entwicklung". Er orientiert sein Handeln und Denken an der Firmenstrategie. Nachdem Herr Lampe ihm von seiner Idee des Volairmobils erzählt hat, lässt er sich ebenfalls dafür begeistern und freut sich über seinen cleveren Mitarbeiter. Die beiden setzen sich zusammen und entwickeln ein Grobkonzept. Anschliessend geht Herr Umsicht auf den CEO, den CFO und den Marketing-Chef zu, um die neue Idee vorzustellen. Er spricht mit jedem Einzelnen über jene Aspekte des Volairmobils, die den Gesprächspartner interessieren: mit dem Marketingchef über die Chancen eines solchen Produktes auf dem Markt, mit dem CEO über das Produkt im Zusammenhang mit der Firmenstrategie und mit dem CFO über die mögliche Finanzierung des Projektes und den zu erwartenden Gewinn. So gewinnt sein Projekt das Interesse und die Sympathien der Angesprochenen. Das einstimmige Durchwinken des Projektes ist am Management-Meeting nur noch eine Formsache.

Ein Projekt, das nicht von Anfang an die volle Unterstützung der Firmenleitung geniesst, ist zum Scheitern verurteilt. Ist die Firmenleitung uneinig oder zerstritten betreffend seines Projektes, sollte das Projekt so lange nicht begonnen werden, bis Einigkeit erreicht ist.

Die Firmenleitung übergibt dem Projektleiter sämtliche Kompetenzen, damit er eigenverantwortlich sein Unternehmen „Projekt" leiten und adäquat zur jeweiligen Situation handeln kann.

2.7 Geheimhaltung und Vertraulichkeit

Herr Raketentrieb ist erfüllt und begeistert von seinem „Stropter". In einem öffentlichen Verkehrsmittel trifft er einen ehemaligen Arbeitskollegen auf dem Arbeitsweg und erzählt ihm davon. Er gerät ins Schwärmen und erzählt und erzählt. Ein ihm unbekannter Sitznachbar spitzt seine Ohren. Nicht nur das, er zeichnet Raketentriebs Ausführungen unbemerkt mit seinem Smartphone auf. Am nächsten Tag ruft der Unbekannte im Sekretariat der Entwicklungsabteilung an. Er gibt sich als Lieferant des Flugantriebs aus und bedient sich dabei gekonnt und selbstbewusst der aufgezeichneten Gesprächsinformationen. Dann beantragt er die Zugangsdaten auf die firmeninterne Projektablage. Die vertrauensselige Sekretärin gibt ihm das Passwort...

Da die Konkurrenz noch vor der Fertigstellung des Stropters des Herrn Raketentrieb ein ähnliches Produkt auf den Markt bringt, sinkt das Marktpotential des Stropters beträchtlich.

Herr Umsicht weiss, dass jede Information über neue Ideen nutzbringend für die Konkurrenz ist. Deshalb musste mit der Bekanntgabe des Projektes jeder Mitarbeitende der Entwicklungsabteilung eine Vertraulichkeitserklärung unterschreiben. Er führt zudem einmal jährlich einen internen Kurs zum Thema „Social Engineering" durch. Auf diese Weise sinkt das Risiko, dass schützenswerte Daten das Unternehmen verlassen. Er kann sein Volairmobil konkurrenzlos als erster auf den Markt bringen.

Es ist wichtig, dass – besonders bei Innovationsprojekten – alle Beteiligten eine Vertraulichkeitserklärung unterschreiben. Diese sollte folgenden Inhalt haben:

- Genaue Beschreibung, was geheim gehalten werden soll
- Information darüber, wann und wem die Mitarbeitenden Daten und Informationen weitergeben dürfen
- Verpflichtung, absolut keine Informationen an unternehmensfremde Personen weitergeleitet werden dürfen
- Weisung, dass die Schweigepflicht auch gegenüber jenen Mitarbeitenden in der eigenen Firma besteht, welche diese Informationen für die Ausübung ihrer Tätigkeit im Unternehmen nicht benötigen.
- Hinweis darauf, wie lange die Schweigepflicht auch nach Beendigung des Arbeitsverhältnisses weiterbesteht.

Bei gewissen Mitarbeitenden macht es Sinn, dass ein Konkurrenzverbot nach Beendigung ihres Arbeitsverhältnisses im Arbeitsvertrag vereinbart wird.

Darüber hinaus sollte von jedem externen Partnerunternehmen eine Geheimhaltungsverpflichtung unterschrieben werden. Darin soll vereinbart werden, dass Projektergebnisse und im Projekt entwickelte Technologien nicht anderweitig verwendet oder an Dritte weitergebeben werden dürfen.

2.8 Projektmanagement

Das Projekt Stropter von Herrn Raketentrieb ist von Anfang an voll durchgestartet. Der Marketingchef druckt bereits Prospekte. Die Verkaufsabteilung hat schon vor dem Projektende 1000 Stück Stropter verkauft. Der Lösungs-Architekt ist noch am Überlegen, was so ein Stropter können müsste. Projektleiter Raketentrieb rennt von einem Projektmitarbeitenden zum anderen, trifft Abmachungen und speichert sie in seinem Kopf. Es gibt keine schriftlichen Anweisungen und Dokumentationen und jeder Ingenieur entwickelt seinen Teil des Stropters so, wie er die mündlichen Aussagen verstanden hat.

Herr Umsicht sucht sich alle Informationen für die Entwicklung eines Volairmobils zusammen. Als kompetente Projektleiterin finden konnte er Frau Punktgenau rekrutieren. Sie plant auch dieses Projekt konsequent durch. Herr Lampe ist damit beauftragt, seine Idee auszuarbeiten und zu verfeinern, danach das Volairmobil detailliert zu beschreiben und zu dokumentieren. So beschafft sich Herr Umsicht das nötige Fachwissen, um mit Betroffenen und potentiellen Kunden über das Volairmobil zu sprechen. Er nimmt aus allen diesen Gesprächen weitere Ideen mit und unterbreitet sie Herrn Lampe.

Ein guter Fachspezialist ist nicht zwangsläufig auch ein guter Projektleiter. Ein guter Projektleiter muss nebst genügender Affinität zum Thema über die folgenden zusätzlichen Qualitäten verfügen:

- Er kennt mindestens eine Projektmanagement-Methode und hat allgemeines Managementwissen.
- Er versteht es, sich in die verschiedenen Interessenvertreter (Stakeholder) einzufühlen und mit ihnen auf gleicher Ebene zu kommunizieren. Interessenvertreter sind z.B. Endkunden, Finanzcontroller, Auftraggeber, Projektmitarbeitende, indirekt Beteiligte (z.B. Anwohner bei einem Autobahnprojekt), Technologie-Spezialisten, Behörden, Sicherheitsbeauftragte usw.
- Er erkennt rechtzeitig schwelende Konflikte und geht diese aktiv an, damit grosse Buschfeuer vermieden werden.
- Er arbeitet methodisch exakt und gibt die Standards vor. Er definiert, wie viel Formalismus in seinem Projekt notwendig ist und setzt diesen auch durch.

- Er hat jederzeit den vollständigen Überblick über seine Projektkosten.
- Er denkt mit Weitblick über „seinen Gartenzaun" hinaus und erkennt frühzeitig die möglichen Einflüsse seines Projektes auf die „Aussenwelt", aber auch umgekehrt. Er hat eine ganzheitliche und nachhaltige Denkweise.
- Er ist eine Führungskraft und für seine Projekt-Mitarbeitenden im Sinne eines Vorgesetzten voll verantwortlich. Er kennt die wichtigsten Arbeitsgesetze und hält sich daran.
- Er ist zu einem grossen Teil Planer und Controller. Er plant Aufgaben und Ressourcen. Er klärt stets die Verfügbarkeit von Ressourcen ab, denn was nützt die beste Planung, wenn bei der Umsetzung keiner oder die falsche Person Zeit hat oder wenn sich der eingeplante Bagger an einer anderen Baustelle befindet?

Die Kunst im Projektmanagement ist, die verschiedenen Themenbereiche so untereinander zu koordinieren, dass ein Ganzes daraus entsteht:

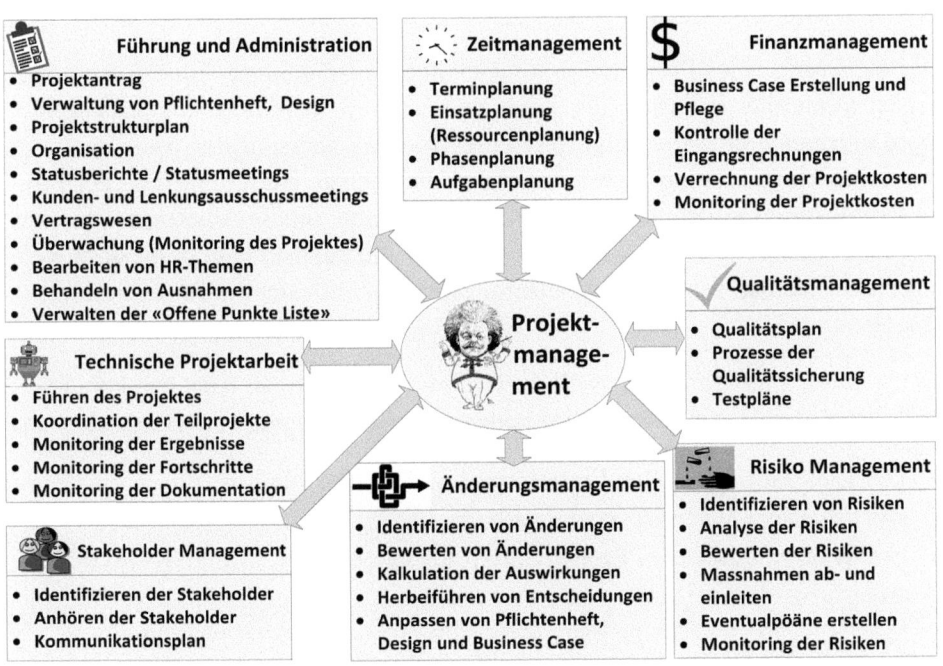

2.9 Steuerung eines Projektes

Projektleiter Raketentrieb eilt weiterhin von einem Projektmitarbeitenden zum anderen. Die bilateralen Gespräche benötigen viel Zeit. Raketentrieb ist überlastet. 14 Stunden Arbeitszeit pro Tag reichen nicht mehr aus. Nach wenigen Wochen wird er krank und muss durch einen anderen Projektleiter namens Springinsfeld ersetzt werden. Bis dieser eingearbeitet ist vergeht wertvolle Zeit.

Bei der gründlichen Projektplanung von Frau Punktgenau steht ihr Herr Umsicht als Berater zur Seite. Durch die klare Planung weiss jeder Projektmitarbeitende genau, woran andere derzeit arbeiten und welche Toleranzparameter er selber für seine Aufgaben hat: in Kosten, Aufwand und Terminen. Es wird konzentriert und zielorientiert gearbeitet. Gerät eine Tätigkeit ausserhalb der vorgegebenen Parameter, wird Frau Punktgenau informiert. Sie leitet dann umgehend die passenden Massnahmen ein.

Die Steuerung eines Projektes sollte nach dem Ausnahmeprinzip erfolgen. Das heisst: wenn alles innerhalb der Toleranzen abläuft, wird normal gearbeitet. Wird in irgendeiner Hierarchiestufe eine Toleranz überschritten (oder droht überschritten zu werden), wird umgehend die nächste Hierarchiestufe der Projektorganisation informiert. Diese entscheidet dann, ob die Ausnahmesituation von ihr bearbeitet werden kann oder ob sie an die nächste Hierarchiestufe weitergeleitet werden muss. Dieses Führungsprinzip entlastet die Projektleitung von Banalem.

Es ist davon auszugehen, dass alles, was ungeplant auftritt, resp. mit hoher Wahrscheinlichkeit auftreten wird, eine Ausnahme ist, wie zum Beispiel:

- Der Lieferant xy hat den Liefertermin nicht eingehalten.
- Der gelieferte Baustoff ist mangelhaft.
- Ein Mitarbeitender des Projektes fällt für längere Zeit infolge Krankheit aus.
- Eine Vorgabe im Design kann technisch nicht umgesetzt werden.
- Der Kunde kommt seinen Versprechungen betreffend Lieferung von Informationen nicht nach.
- Der Kunde will plötzlich zusätzlich noch ein Schiebedach. Dies ist im Pflichtenheft nicht erwähnt.

- Eine Aufgabe ist mit 100 Stunden budgetiert. Nach 50 Stunden wird klar, dass die restlichen 50 Stunden nicht reichen werden.
- Eine Explosion oder ein Umweltereignis ist aufgetreten.

2.10 Organisationsformen von Projekten

Projekte sind zeitlich begrenzt. Um eine Projektorganisation zu bilden gibt es grundsätzlich drei Möglichkeiten:

A. Integriertes Projektmanagement

Beim integrierten Projektmanagement bleiben alle Projektmitarbeitenden ihrer „normalen" Abteilung zugehörig. Die Projektleitung hat faktisch nur koordinierende Kompetenzen und - weder fachlich noch disziplinarisch - ein Weisungsrecht. Die Projektmitarbeitenden arbeiten im normalen Tagesgeschäft und leisten nebenbei noch etwas Projektarbeit.

B. Autonomes Projektmanagement

Beim autonomen Projektmanagement werden die Projektmitarbeitenden aus der Betriebsabteilung herausgelöst und werden fachlich und disziplinarisch dem Projektleiter unterstellt. Der Leiter der Betriebsabteilung hat kein Weisungsrecht mehr über diese Mitarbeitenden und trägt auch keine Verantwortung mehr für sie.

C. Matrixorganisation

Bei der Matrixorganisation bleiben die Projektmitarbeitenden in ihrer Betriebsabteilung und können sich daher dem Tagesgeschäft widmen. Ein Teil ihrer Arbeitszeit wird jedoch an die Projektorganisation „vermietet". Während dieser „Miet-Zeit" ist der Mitarbeitende fachlich dem Projektleiter unterstellt. In einer Vereinbarung zwischen dem Leiter der Betriebsabteilung und dem Projektleiter ist festgelegt, wann der Projektmitarbeitende für das Projekt arbeitet.

Vor- und Nachteile der drei Organisationsformen

	Organisationsformen		
	Integriert	Autonom	Matrix
Administrativer Aufwand	klein	gross	gross
Effizienz der Mitarbeitenden im Projekt	klein	gross	eher gross
Identifikation der Projektmitarbeitenden mit dem Projekt	klein	gross	eher gross
Geeignet für kleine Projekte kurzer Dauer	ja	nein	ja
Geeignet für grosse Projekte langer Dauer	nein	ja	eher ja
Distanz zur Stamm-Organisation („Parallel-Universum")	keine	gross	wenig
Klassenbildung unter den Mitarbeitenden	keine	stark	keine
Möglichkeit der Karriereplanung der Mitarbeitenden	laufend	behindert	gut
Flexibilität bei der Ressourcenplanung	klein	klein	gross

2.11 PROJEKTORGANISATION

Herr Springinsfeld hat sich einigermassen eingearbeitet und arbeitet im Stil seines Vorgängers weiter. Herrn Raketentrieb geht es zusehends besser und er arbeitet wieder zu 50%. Da die beiden Projektleiter weiterhin nach dem Prinzip „bilaterale Gespräche" vorgehen, weiss keiner der beiden so richtig, welche Absprachen der andere getroffen hat. So kommt es immer wieder zu Missverständnissen und parallelen Entwicklungen.

Frau Punktgenau ist eine Projektleiterin mit System. Sie kennt die Methoden genau, plant und handelt danach. Ihre Schwäche ist jedoch die Kommunikation. Herr Umsicht ist eher ein empathischer Typ. Er kann sich gut in andere Menschen einfühlen. Deshalb haben die beiden beschlossen, das Projektmanagement untereinander aufzuteilen. Finanzen, Ressourcenplanung, Aufgabenplanung usw. sind klar in der Verantwortung von Frau Punktgenau. Die Softfaktoren wie Stakeholder-

Management, Kommunikation, HR-Themen usw. sind im Zuständigkeitsbereich von Herrn Umsicht. Die Schnittstellen der beiden sind eindeutig definiert und die Projektorganisation zeigt dies klar auf.

Ein Projekt ist eine virtuelle Unternehmung in einer oder mehreren realen Unternehmungen. Auch eine virtuelle Unternehmung braucht eine Organisation mit definierten Rollen. Bei der Zuweisung von Rollen sollten weniger die hierarchischen Stellungen im Betrieb, sondern die Stärken und Schwächen der einzelnen Personen berücksichtigt werden. Dabei kann es durchaus vorkommen, dass eine Rolle von mehreren Personen (siehe obiges Beispiel Projektleitung), resp. mehrere Rollen von einer Person (z.B. Projektleitung und Leitung eines Teilprojektes) eingenommen werden. Typische Rollen in einem Projekt sind:

Lenkungsausschuss (Steering Committee)
Der Lenkungsausschuss entspricht dem Verwaltungsrat (CH) oder dem Aufsichtsrat (DE, AT) einer realen Unternehmung. Im Lenkungsausschuss sind Delegierte aller beteiligten Unternehmungen vertreten. Dieses Gremium besteht aus mindestens einer Person, dem Auftraggeber.

Projektleitung
Kernaufgaben der Projektleitung sind:
- Steuerung des Projektes
- Management von Qualität und Sicherheit
- Kontrolle von Zeitmeldungen, Spesen, Lieferantenrechnungen usw.
- Kommunikation zu Interessenvertretern (Stakeholder)

Bei grösseren Projekten können diese Aufgaben auf verschiedene Personen unter Leitung des Hauptprojektleiters verteilt werden. Bei kleineren Projekten werden diese Aufgaben von einem Projektleiter übernommen.

Teilprojektleitung
Grössere Projekte werden oft in Teilprojekte unterteilt. Die Aufteilung erfolgt in der Regel nach Lieferobjekten und nicht nach Projektphasen. Beispiel:
- TP1:   Karosserie und Chassis
- TP2:   Innenausstattung
- TP3:   Antriebe
- TP4:   Recht und Öffentlichkeit
- TP5:   Marketing

Projektmitarbeitende

Mitarbeitende aus dem Betrieb oder externe Mitarbeitende werden für Projektaufgaben „rekrutiert". Ein klares formelles Ressourcenmanagement regelt die Verfügbarkeit der Mitarbeitenden.

Spezialisten

Spezialisten sind Projektmitarbeitende mit ganz bestimmtem Können oder speziellem Wissen. Es sind Menschen, die meist an verschiedenen Stellen im Einsatz sind: in mehreren Projekten, in mehreren Teilprojekten und im Betrieb. Auf die Verfügbarkeit dieser Spezialisten ist bei der Ressourcenplanung besonders zu achten, damit kein Terminverzug im Projekt entsteht.

Typische Projektorganisation

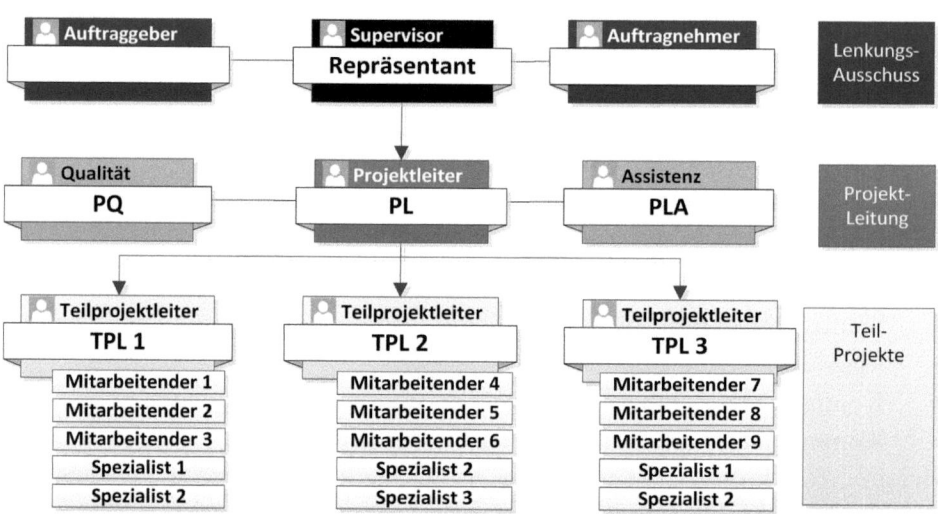

Es versteht sich von selbst, dass den Mitarbeitenden in den einzelnen Rollen nicht nur die dazugehörige Verantwortung übertragen wird, sondern auch die notwendigen Befugnisse und Mittel, damit sie die an sie gestellten Aufgaben erfolgreich ausführen können.

2.12 Prozesse in Projekten

Es ist Monatsende. Herr Raketentrieb muss zu Handen der Geschäftsleitung einen Projektbericht abgeben. Um die aufgelaufenen Kosten zu ermitteln, fragt er jeden Mitarbeitenden im Projekt an, wie viele Stunden er für das Projekt gearbeitet habe. Die eingegangenen Daten konsolidiert er. Dann fragt er in jedem Teilprojekt nach, wie weit die Arbeiten fortgeschritten sind und konsolidiert diese Daten zu einer Präsentation.

Frau Punktgenau hat vor Projektbeginn eine Zeiterfassung eingerichtet. Jeder Mitarbeitende trägt dort täglich seine Stunden ein. Das funktioniert gut, da fehlende Angaben nicht vom Mitarbeiter selber, sondern von seinem direkten Vorgesetzten erfasst werden müssten. Diese Komplizierung dient der Sicherstellung, dass der Mitarbeitende die Daten selbst rechtzeitig eingibt. So ist gewährleistet, dass die Daten aktuell sind. Die Teilprojektleiter erstellen prozessgemäss drei Tage vor Monatsende die standardisierten Teilprojektberichte in einem entsprechenden Tool. Dieses Tool erzeugt automatisch den kompletten Projektbericht mit Aufwandsangaben aus dem Zeiterfassungstool und aus den Teilprojektberichten. Der Monatsabschluss ist dadurch von Frau Punktgenau in einer Stunde erledigt.

Wie in realen Firmen, werden auch in der virtuellen Firma „Projekt" Standardabläufe über Prozesse gesteuert. Damit wird auch hier sichergestellt, dass solche Standardprozesse sowohl nachvollziehbar sind, als auch kosten- und qualitätsoptimiert ablaufen. Solche Projektprozesse sind:

2.12.1 Projektreporting

Der Projektleiter erstellt in regelmässigen Abständen ein Projektreporting zu Handen des Lenkungsausschusses.

Im Wesentlichen beinhaltet ein Reporting die Zusammenfassung der Statusreports aller Teilprojekte bezogen auf das Gesamtprojekt.

Dabei gewichtet der Projektleiter die Teilprojekte. Wenn beispielsweise das Teilprojekt „Innenausstattung" auf Rot gesetzt ist, bedeutet dies noch lange nicht, dass das gesamte Entwicklungsprojekt gefährdet ist. Wenn jedoch das Teilprojekt „Recht" infolge Gesetzesklärungen betreffend den Flugeigenschaften nicht vorwärts kommt, ist das gesamte Projekt blockiert.

2.12.2 Dokumentenüberarbeitung (Review)

Die Dokumentenüberarbeitung ist ein Prozess der Qualitätssicherung.

Nachdem wichtige Dokumente fertiggestellt worden sind, werden sie von verschiedenen Personen überprüft. Nach erfolgreicher Überprüfung kann der Projektleiter diese Dokumente freigeben resp. in Kraft setzen.

Die Überprüfung funktioniert so, dass die Dokumente durch Personen verschiedenen Hintergrundes (Sekretärin, Ingenieur, Verkaufsleiter, Rechtsanwalt usw.) durchgelesen werden. Das Fehlen von Texten und Beschreibungen, unvollständige, unklare oder falsch interpretierbare Informationen werden so entdeckt und auf einer *Befundliste* dokumentiert, also nicht direkt im Dokument selbst.

Die gesammelten Befunde werden vom Autor in das überprüfte Dokument eingearbeitet, welches dann eine neue Version erhält. Das so revidierte Dokument wird anschliessend freigegeben, in Kraft gesetzt oder gegebenenfalls einem neuen Review unterzogen.

2.13 Das Pflichtenheft (Lastenheft)

Herr Raketentrieb weiss, was er will und erklärt das seinen Projektmitarbeitenden. Diese setzen seine Ideen so um, wie sie sie verstanden haben. Doch nicht jeder Mensch versteht unter einem „grossen Auto" dasselbe. Da dann die gebauten Teile nicht zusammenpassen, kosten diese Leerläufe Zeit und Mehraufwand. Raketentrieb hatte zwar seine Idee „Stropter" im Kopf, aber er hatte nie abgeklärt, ob erstens der Markt dafür reif war und zweitens, welche Kundenbedürfnisse so ein Vehikel abdecken müsste und ob es drittens noch weitere – noch nicht bekannte – Erwartungen erfüllen müsste. Wenn ein Kunde spezielle Bedürfnisse anmeldete, liesse Raketentrieb diese in einem stillen Prozess in das Endprodukt einfliessen. Nach Projektabschluss stellte der CFO die berechtigte Frage: „Warum ist der Stropter so teuer?"

Das Team Umsicht / Punktgenau arbeitet nach einem klar definierten Pflichtenheft. Marktanalysen, Konzepte, Design und Business-Case sind darin detailliert und marktgerecht beschrieben. Das Pflichtenheft ist jedem Mitarbeitenden im Projekt bekannt und er orientiert sich bei seinen Arbeiten daran. So ist gewährleistet, dass alle gebauten Teile zusammenpassen. Im Pflichtenheft ist auch beschrieben, was im Projekt nicht eingeplant ist. Ein Kunde, der eine zusätzliche Funktionalität wünscht, kann diese über das Änderungsmanagement verlangen, wobei ihm die entstehenden Kosten veranschlagt werden.

Das Pflichtenheft ist weit mehr als eine reine Beschreibung des Projekt-Endproduktes. Es ist das Hauptdokument, auf dem ein Projekt aufbaut. Die Qualität des Pflichtenheftes ist ein Erfolgsfaktor für eine seriöse Projektabnahme. Je detaillierter und klarer das Pflichtenheft abgefasst ist, desto eindeutiger ist der Projekterfolg messbar.

Der Release (Versionsstand) des Pflichtenheftes wird zum Zeitpunkt der Projektfreigabe „eingefroren". Einzig der später beschriebene Änderungsprozess erlaubt es, Änderungen am Pflichtenheft während den Projektarbeiten vorzunehmen.

Im Pflichtenheft zu vermeiden sind das bewusste nicht-Definieren von Anforderungen und unklare Begriffe wie:
Zu bauen ist ein Fahrzeug, welches eine Höchstgeschwindigkeit von 180 km/h leistet.
Der Projektleiter weiss so nicht, ob er ein Auto oder ein Motorrad bauen soll.

Vage Formulierungen wie *„Das Auto soll 2 bis 4 Türen haben."* Lassen Interpretationsspielraum offen und sind Anlass klassischer Konflikte oder sogar Rechts-Streitereien.
Besser ist: *„Es wird zwei Automodelle geben. Eines mit zwei und eines mit vier Türen."*
Damit ist klar, dass der Projektauftrag die Entwicklung zweier verschiedener Automodelle beinhaltet und die Planung kann entsprechend vorgenommen werden.

Der schlimmste Fall tritt dann ein, wenn der Kunde am Schluss des Projektes das Produkt abnehmen soll und sich wundert, dass nur ein Auto mit zwei Türen dasteht. Auf seine Frage, wo denn der 4-Türer sei, gibt der Projektleiter zur Antwort: „Da Sie mir offen gelassen haben, ob das Auto zwei oder vier Türen haben soll, habe ich mich für die günstigere Variante entschieden".

Um zu vermeiden, dass das Pflichtenheft ein rein technokratisches Dokument mit wenig Realitätsbezug ist, sollten bereits bei der Erstellung die wichtigsten

Interessenvertreter, die Spezialisten und nicht zuletzt der Kunde oder Auftraggeber mit einbezogen werden. Es macht sogar Sinn, mit allen zusammen einen Workshop zu veranstalten.

Das Pflichtenheft besteht aus folgenden Kapiteln:

1. **Ausgangslage**
- Beschreibung der aktuellen Ist-Situation und eine Idee, was an dieser Situation zu verändern, bzw. zu verbessern ist.
- Schwachstellenanalyse der Ist-Situation.
- Stakeholderanalyse: Bei entgegengesetzten Stakeholderinteressen muss dies offengelegt werden.
- Strategische Vorgaben des Unternehmens.

2. **Ziele und Nicht-Ziele des Projektes**

Alle Projektziele sollen die firmenstrategischen Vorgaben erfüllen. Sie sollen wenn möglich SMART formuliert sein (S = spezifisch, eindeutig, widerspruchsfrei, vollständig; M = messbar; A = akzeptiert, angemessen; R = realistisch, realisierbar; T = terminiert).

Bei einem Entwicklungsprojekt können zunächst nur die Eigenschaften des Projektendproduktes beschrieben werden. Es kann hier darauf verwiesen werden, dass Architektur und/oder Design als Projektaufgabe entwickelt und definiert werden sollen.

Sind gewisse Endprodukteigenschaften NICHT vorgesehen, muss auch dies zwingend in der Zieldefinition festgelegt werden. Folgende Punkte sind zur Zieldefinition notwendig:

- Beschreibung der Soll-Situation
  (... soll die Möglichkeit haben, Stausituationen auszuweichen...)
- Nutzen gegenüber der Ist-Situation
  (... Der Fahrer ist schneller am Ziel ...)
- Beschreibung des Projektendproduktes
  Klare Definition, was das Projekt bezweckt, wie das Projektendprodukt aussehen soll und welche Eigenschaften es haben soll. *(z.B. ... ist ein Automobil, welches über eine Strecke von 100m fliegen kann ...).*
- Beschreibung von Nicht-Zielen
  (...muss nicht schwimmen oder tauchen können...)

- Abnahmekriterien des Projektes
  *(... Hat die behördliche Zulassung in allen Ländern Europas erhalten ...
  ... Kann in Serienproduktion gefertigt werden ...)*
- Beschreibung der Zwischenergebnisse und der kundenrelevanten Meilensteine
  (... Zuerst wird eine Zulassung in Ländern mit Rechtsverkehr angestrebt. Die Zulassung in Ländern mit Linksverkehr erfolgt in einem zweiten Schritt ...)
- Qualitätsvorgaben an das Projektendprodukt (Lebensdauer, Toleranzen, Wasserbeständigkeit, Säurebeständigkeit, Temperaturresistenz usw.)
  *(... soll bei Windgeschwindigkeiten bis 15 km/h sicher fliegen können...
  ... bei höheren Windgeschwindigkeiten soll ein Abheben technisch verhindert werden ...)*
- Was (welche Systeme, andere Projekte usw.) ist betroffen?
  (...Versicherungsmodelle und Verkehrsgesetze müssen überprüft und mit den zuständigen Stellen adaptiert werden...)
- Welchen Umfang soll das Projekt haben?
  (... Das Fahrzeug soll in ganz Europa verkauft werden. Es ist nicht ausgeschlossen, dass ein Erweiterungsprojekt für den Verkauf in USA folgen könnte. Im Design ist deshalb darauf zu achten, dass nichts entwickelt wird, das mit den amerikanischen Gesetzen in krassem Gegensatz steht...)
- Projektabgrenzung: Klare Definition, was das Projekt <u>nicht</u> bezweckt und was somit nicht Bestandteil des Projektes ist. Dies ist absolut notwendig, um späteren Diskussionen wie „Ich habe gedacht, dass ... dann ebenfalls besser wird" vorzubeugen, aber auch um Kosten und Termine beim Umsetzungsprojekt im Griff zu behalten.
  (... Es ist <u>nicht</u> vorgesehen, das Produkt auf dem Afrikanischen Kontinent zuzulassen und zu verkaufen. Den speziellen klimatischen Bedingungen in Afrika ist darum <u>nicht</u> Rechnung zu tragen ...)
- Definition der Schnittstellen.
  (... Zuständig für die Zulassung in Deutschland ist das Kraftfahrt-Bundesamt...)
- Bei einem Projekt als Kundenauftrag: Beistellpflichten des Kunden. Dieser Punkt ist aus Erfahrung extrem wichtig
  (... ein Testfahrer des Kunden begleitet das Projekt in allen Phasen...)

3. **Annahmen und Fakten**
Die Rahmenparameter des Projektes sind zu Beginn oft nicht eindeutig. Um dennoch weiterzukommen, müssen die Daten zumindest als Annahmen oder Schätzungen vorliegen. Diese Schätzungen müssen nachvollziehbar dokumentiert und entsprechend als „Schätzung" und „Annahme" bezeichnet werden.

Tipp:
Fordern Sie sofort alle Listen, Mengenangaben, Spezifikationen usw. vom Kunden ein. Es gibt nichts Unangenehmeres, als wenn ein Projektvertrag mit fehlenden oder falschen Informationen zustande kommt. Ein Projektvertrag ist ein Vertragswerk im rechtlichen Sinn. Ist eine pauschale Abgeltung vereinbart, ist es umso wichtiger, alle Fakten möglichst genau zu definieren. Bei einem Autokauf würden Sie vermutlich auch keinen Vertrag unterschreiben mit dem Text „Ein komfortables Automobil". Wenn der Verkäufer damit die Standardausrüstung mit Stoffsitzen, Sie aber Ledersitze darunter verstehen, ist der Streitfall vorprogrammiert.

4. **Märkte**
- Wer wird das Projekt-Endprodukt kaufen oder benützen?
- Gibt es bereits einen relevanten Markt-Trend?
- Welche Konkurrenzprodukte oder ähnliche Produkte gibt es bereits und wie stehen die Chancen für das Projekt-Endprodukt, sich gegenüber diesen durchzusetzen?
- Wie hoch ist das angestrebte Absatzpotential?

5. **Rechtliches**
- Gibt es Gesetze, welche die Verwendung des Projekt-Endproduktes in bestimmten Ländern verbieten oder einschränken? – Wo? Welche?
- Gibt es Normen, welche bei der Herstellung oder beim Produkt erfüllt werden müssen (z.B. ISO 13485 für die Herstellung von Medizinprodukten)
- Welche Zulassungen müssen wo eingeholt werden? Wie lange dauert dieses Prozedere? Wie hoch sind die Zulassungskosten?
- Gibt es Konflikte mit bestehenden Patenten?
- Gibt es Abgaben und Gebühren (z.B. Automobilsteuer) auf das Produkt?
- Enthält das Projekt patentierbare Technologien?

6. **Umwelteinfluss**
- Werden kritische Stoffe oder Materialien eingesetzt?
- Erzielt das Projekt-Endprodukt eine Emissionsreduktion gegenüber heutigen Technologien?
- Hat das Produkt einen Einfluss auf die Ökobilanz
- Welche Einflüsse hat das Projekt auf die Umwelt? Sind diese positiv oder negativ?
- Könnte das Produkt Allergien erzeugen?

7. **Sicherheit**
- Wie steht es um den Datenschutz?
- Welche Massnahmen wurden zur Vermeidung von Sabotage getroffen?
- Sind Massnahmen notwendig, um öffentliche Demonstrationen gegen das Projekt zu verhindern?
- Sind die Mitarbeitenden gegen Social Engineering Attacken geschult?

8. **Zeitplan der Umsetzung**
- Projektphasen
- Meilensteine und „Quality-Gates"

9. **Projektorganisation**
- Projekt-Organigramm
- Ressourcenplanung
  Nicht vergessen: Genügend Zeit für das Projektmanagement, interne- und externe Meetings (Kunden, Lieferanten usw.) einzuplanen!
- Benötigte externe Ressourcen identifizieren

10. **Projektrisiken**
- Kostenrisiken
- Personalrisiken
- Risiken in Bezug auf den Zeitplan
- Materialrisiken
- Saisonale Risiken
- Politische Risiken
- Elementarschaden-Risiken
- Sobotage- oder Terror-Risiken

11. **Wirtschaftlichkeit (Business-Case)**
Auf den Business-Case wird später detailliert eingegangen.

2.13.1 Wie komme ich zu einem vollständigen Pflichtenheft

Die wichtigste Aufgabe zur Erstellung des Pflichtenheftes ist entweder eine Befragung des Auftraggebers, und/oder das Erstellen einer Marktanalyse.

Mögliche Antworten könnten sein.

- Wir wollen einen Kleinwagen, angelehnt an den heutigen „City-Devil" der Firma des Auftragnehmers. Dieses Fahrzeug soll so weiterentwickelt werden, dass es kleine und mittlere Hindernisse überfliegen kann.
- Kleinere Hindernisse sind z.B. geschlossene Bahnübergänge, Pannenfahrzeuge, Staus, Kreuzungen, aber auch eine weggeschwemmte Brücke, Bergstürze und Lawinen.
- Das Gefährt soll in der Luft genauso leicht zu fliegen sein, wie das Fahren auf der Strasse. Um Stabilitätskontrolle, Windkompensation, Kompensation der Gewichtsverteilung im Fahrzeug usw. soll sich der Fahrer nicht kümmern müssen.
- Die Sicherheit muss mit einer Kombination aus Kollisionsdetektor in alle Richtungen und Autopilot gewährleistet sein, so dass eine Kollision in der Luft unmöglich ist. Wenn sich der Kollisionsdetektor auf der normalen Fahrt auf der Strasse mitverwenden lässt, ist dies wünschenswert, aber in der ersten Version des Fahrzeugs kein Muss.
- Die Sicherheit soll optimiert werden (Verhindern der Lichtblendung anderer Verkehrsteilnehmer beim Starten/Fliegen ist hier als Beispiel genannt).
- Aus Marketinggründen ist der Anstrich mehrfarbig, von unten nach oben heller werdend.
- Das fliegende Fahrzeug darf nicht lauter sein als das fahrende Fahrzeug bei 100 km/h.
- Das Cockpit muss sich optisch von Cockpits bestehender Strassenfahrzeuge abheben und einen futuristischen Look haben.
- Das Fahrzeug erweist sich dann als tauglich, wenn 25 davon gleichzeitig zur Hauptverkehrszeit vom „Parco die Quartieri Spagnolo" zur „Università Degli Studi Parthenope" durch Neapel manövrieren, dabei die Sicherheit gewährleistet ist und eine durchschnittliche Zeitersparnis von 80% gegenüber 25 konventionellen Fahrzeugen erreicht werden kann. Dabei dürfen die Fahrzeuge maximal gleichviel Treibstoff für diese Strecke verbrauchen wie die gängigen Fahrzeuge.

Solche Antworten beinhalten klare Angaben zur Erstellung des Konzeptes, der Beschreibung des Projektendproduktes, der Abnahmekriterien, der Umweltspezifikationen usw.

2.14 QUALITÄTSOPTIMIERUNG

Herr Raketentrieb entschied sich, bei der Qualität nicht zu sparen. Er wählte einen Motor, der garantiert 500'000 km hält und eine alterungsbeständige Farbe, die 15 Jahre im Freien ohne zu verblassen überdauert. Im Pflichtenheft ist zu lesen, dass der Stropter eine garantierte Lebensdauer von 5 Jahren und 100'000 km habe. Eine derartige Diskrepanz in der Qualität schlägt sich zwangsläufig in einer schlechten Verkaufsmarge nieder, denn sie verteuert das Produkt, so dass es nicht mehr konkurrenzfähig ist.

Im Pflichtenheft ist eindeutig vermerkt, dass die Firma auf das Volairmobil fünf Jahre, resp. 100'000 km Werksgarantie gewährt. Herr Umsicht wählt also die Qualität gemäss Pflichtenheft. So sollen in den ersten fünf Jahren möglichst keine Garantiefälle auftreten. Er wählt also einen Motor, der 150'000 km und eine Farbe, die 7 Jahre halten. So optimiert er die Herstellungskosten mit den späteren Garantiekosten.

In einem Projekt soll nicht die höchste Qualität zu jedem Preis angestrebt werden, vielmehr soll der Qualitätsstandard, der im Pflichtenheft exakt beschrieben ist, erfüllt sein.

2.15 Der Projektstrukturplan

Die Herren Raketentrieb und Springinsfeld sind sich einig. Es braucht keine spezielle Struktur im Projekt. Die Geschäftsleitung hat ja das Projekt freigegeben. Somit ist das Kostenbudget am einfachsten in einem einzigen Topf zu verwalten. Am Schluss wird abgerechnet und dann sieht man ja, wie teuer das Produkt tatsächlich geworden ist. Falls die Geschäftsleitung dann eine Erklärung zu den hohen Kosten verlangt, werden die beiden schon Begründungen finden.

Frau Punktgenau ist ein Controlling-Freak. Absolute Transparenz ist ihr wichtig. Deshalb plant und organisiert sie das Projekt über einen Projektstrukturplan. Abzuliefernde Ergebnisse bilden die Basis für die Planung der Strukturelemente. Jede Arbeitsstunde, jede Kostenposition, jede Investition und jeder Änderungsantrag kann später einem Strukturelement zugewiesen werden. So kann sie Soll-Ist-Vergleiche sehr einfach auch während des laufenden Projektes erstellen. Bei Abweichungen kann sie Massnahmen ergreifen. Sollte das Projekt trotzdem teurer werden als geplant, hat sie vorher die Geschäftsleitung mit einer frühen Warnung (Early warning) informieren können, so dass niemand nachträglich fragen muss, warum das Projekt teurer geworden ist.

Der Projektstrukturplan besteht aus planbaren Elementen auf Basis von (Teil-)Ergebnissen. Sinnvoll ist es, diese Elemente mit mehrteiligen Nummern zu belegen. Nummern bezeichnen das Projekt, das Teilprojekt, ein Lieferobjekt, eine Region usw.

Allgemein üblich ist die Bezeichnung PSP-Element für ein Projektstrukturplan-Element. Aufgaben oder sogenannte Arbeitspakete werden auf Basis der PSP-Elemente geplant.

Beispiel eines Projektstrukturplanes für das Projekt Volairmobil:
TP = Teilprojekt

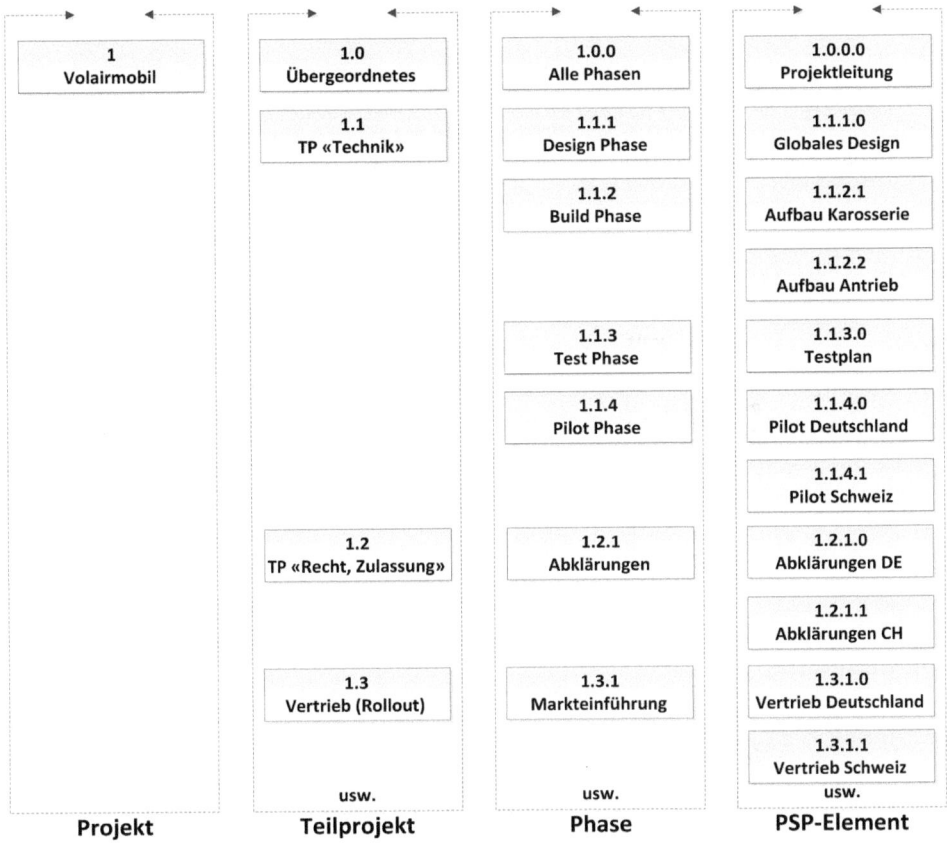

Selbstverständlich ist das obige Beispiel nicht vollständig.

Wenn jede Aufgabe, jede Investition, alle Kosten und alle Zeitaufwände der Mitarbeitenden einem PSP-Element zugeordnet werden können, ist der Projektstrukturplan komplett. Auf diese Weise ist es möglich, Soll-Ist-Vergleiche über ein einzelnes PSP-Element, eine einzelne Phase, ein Teilprojekt oder über das Gesamtprojekt zu erstellen.

Geplant und abgerechnet wird auf Basis einzelner PSP-Elemente. Die Planung auf Basis Projekt, Teilprojekten und Phasen erfolgt mittels Konsolidierung der entsprechenden PSP-Elemente.

2.16 Der Business-Case (Kosten-Nutzen-Analyse, Wirtschaftlichkeitsrechnung)

Herr Raketentrieb ist sehr gut im Schätzen. So kann er ziemlich genau sagen, wie teuer sein Projekt werden wird. Als Ingenieur ist sein Projekt nach erfolgter Betriebsübergabe abgeschlossen. Wie teuer der Betrieb sein wird, interessiert ihn nicht besonders, denn dann wird er schon wieder seine nächste Idee am Umsetzen sein. Er macht keinen Unterschied zwischen Investitionen und Kosten und fokussiert sich auf die Summe aller Ausgaben. Er berücksichtigt nicht, wann diese Ausgaben auftreten werden. Zu Beginn des Projektes bestellt er alles notwendige Material. Somit ist für ihn gewährleistet, dass er alles hat, wenn er es später braucht. Für die Firma kann dieses Vorgehen jedoch ruinös sein, denn zu Beginn des Projektes müssen bereits alle Investitionen bezahlt werden, was ein extrem hohes „Cash out" bedeutet. Dies kann die Firma in einen Liquiditätsengpass bringen, was im schlimmsten Fall Konkurs bedeuten würde.

Frau Punktgenau klärt die heutigen Betriebskosten ab. Dann rechnet oder schätzt sie die Betriebskosten nach Projektende. Auch Betriebsrisiken rechnet sie mit ein. Das Projekt kalkuliert sie auf Basis des Projektstrukturplanes und unterscheidet zwischen internen Personalkosten, Investitionen und externen Kosten. Herr Umsicht klärt ab, ob noch mit versteckten Kosten von anderen Abteilungen oder Dritten gerechnet werden muss. Weiterhin berücksichtigt er die Betriebsrisiken. Aufgrund der Kalkulation auf Basis des Projektstrukturplanes kann auch ein Cash-Out-Plan erstellt werden. Frau Punktgenau hat somit den ROI (Return on Investment), den TCO (Total Cost of Ownership) und den Cash-Out-Plan vollständig im Griff. Aufgrund der vorliegenden Unterlagen kann das Projekt in die finanzielle Gesamtplanung der gesamten Unternehmens integriert werden, das heisst, die Ausgaben (Kosten und Investitionen) fallen dann an, wenn das Material benötigt wird.

Der Business-Case zeigt die Rentabilität des Projektes auf. Viele Projektleiter scheuen sich, den Business-Case detailliert zu ermitteln, da sie der Meinung sind, dies sei extrem aufwändig. Dass die Erstellung eines Business-Case gar nicht so kompliziert ist, möchte ich nachstehend aufzeigen. Das folgende Beispiel soll lediglich den Mechanismus aufzeigen. Es ist für ein konkretes Projekt noch zu wenig detailliert und erhebt keinen Anspruch auf Plausibilität der eingesetzten Zahlen.

2.16.1.1   Projektkosten
Im Idealfall werden die Projektkosten bereits auf Basis der einzelnen PSP-Elemente ermittelt. Dies erleichtert das Aufgabenmanagement in späteren Phasen beträchtlich.

2.16.1.1.1   Investitionen im Projekt (aktivierbare Kosten)
Diese Investitionen müssen im Business-Case offengelegt werden. Nachdem die Investitionen getätigt sind, müssen diese finanztechnisch aktiviert werden. Das heisst, sie werden in der Geschäftsbilanz unter „Aktiven" geführt. Nach der Aktivierung werden wird die Investition abgeschrieben. In einigen Ländern werden Abschreibungen auf AFA genannt. Da die Abschreibungen der Investitionen im Projekt normalerweise über die Projektdauer hinausgehen, müssen sie den Betriebskosten zugeordnet werden.

2.16.1.1.2   Externe Projektkosten (je nach Land aktivierbare Kosten)
Um zu entscheiden, ob externe Projektkosten aktivierbar sind oder nicht, muss die Finanzabteilung befragt werden. Bei den externen Projektkosten handelt es sich um:
- Kosten externer Mitarbeitenden
- Kosten Verbrauchsmaterial
- Externe Dienstleistungen
- Gebühren
- Reisekosten

2.16.1.1.3   Interner Projektaufwand
Auch der interne Projektaufwand muss im Business-Case kalkuliert werden. Es sind dies: Sämtliche intern geplanten Projektstunden, wenn möglich über die Zeitschiene betrachtet. Auch Stunden von Mitarbeitenden, welche nur kurze Zeit im Projekt sind (z.B. in der Testphase), müssen geplant werden. Stundenschätzungen sind immer eine relativ unsichere Sache. Deshalb macht es Sinn, verschiedene Informationen einzuholen. Folgende Methoden sind zu empfehlen:

A. **Vergleichsmethode**
Wenn eine Aufgabe in einem anderen Zusammenhang bereits einmal ausgeführt wurde, kann aufgrund des damaligen Ist-Aufwandes das neue Projekt gerechnet werden.

Wenn ein Programmierer angibt, für seine Arbeit eine bestimmte Zeit zu benötigen, weiss sein Vorgesetzter möglicherweise schon aus Erfahrung, dass dieser Programmierer immer die doppelte Zeit seiner eigenen Schätzung braucht. Also, wird die doppelte Schätzzeit eingesetzt.

B. **Mittelwertmethode**
Mehrere Experten schätzen den Zeitaufwand. Der Mittelwert wird eingesetzt.

C. **Drei-Punkt-Schätzmethode**
Bei dieser Methode werden drei Schätzungen gemacht: optimistischer Wert (best case), pessimistischer Wert (worst case) und wahrscheinlicher Wert. Diese drei Werte werden zusammengezählt und die Summe durch drei geteilt.

2.16.1.2 *Risikoeinschätzung*
Dieser Punkt wird in vielen Projekten nicht oder wenig beachtet. Diese Risiken können monetär wie folgt bewertet werden.

Risiko = Schadenhöhe * Eintretenswahrscheinlichkeit

Auf das Thema Risiko wird in einem späteren Kapitel detailliert eingegangen.

2.16.1.3 *Kalkulation der Projektkosten*
Die Projektkosten setzen sich zusammen aus:
- Kosten für die Projektleitung
- Personalkosten für die Arbeit in den Teilprojekten
- Materialkosten für Testaufbauten und Prototypenbau
- Spesen, Gebühren, Abgaben, Telefonie
- Kosten für zusätzliche Arbeitsplätze externer Mitarbeitenden
- Kostenäquivalent identifizierter Projektrisiken

Die oben genannten Kosten können je nach Steuergesetzgebung im Land der Umsetzung variieren und teilweise aktiviert werden. Dies ist wichtig für die nachfolgenden Kalkulationen:

Volairmobil	Stunden	Stundensatz	Kosten	Investitionen
Projektleitung	5'000	150	750'000	
TP Technik	100'000	140	14'000'000	
TP Recht	25'000	180	4'500'500	
TP Produktion	10'000	130	1'300'000	
Spesen			100'000	
Prototyp			600'000	
Projektrisiko			2'000'000	
Maschinen				15'000'000
Total			23'250'000	15'000'000

2.16.1.4   Produktions-und Betriebskosten

Um den Business-Case zu errechnen, wird eine Aufstellung der fixen und variablen Produktions- und Betriebskosten benötigt. In unserem Beispiel sieht das so aus:

Selbstkosten pro Volairmobil	
Diverses Material	6'000
Einkauf Rollmotor	10'000
Einkauf Flugmotor	15'000
Montageaufwand (Zeit)	3'000
Endfertigung (Zeit)	1'000
Direkte Kosten	**35'000**
Fehlproduktion 10%	3'500
Produktionskosten	**38'500**
Lager und Logistik	1'000
Herstellungskosten	**39'500**

Produktions-Fixkosten pro Jahr	Jahre 1-3	Jahre 4-6	Jahre 7-9
Wartung Produktionsmaschinen	1'500'000	2'250'000	3'000'000
Miete Produktionshalle	1'000'000	1'000'000	1'000'000
Abschreibungen Maschinen (AFA)	2'500'000	2'500'500	0
Abschreibungen Projektkosten	2'583'333	2'583'333	2'583'333
Total Produktions-Fixkosten	**7'583'333**	**8'333'333**	**6'583'333**

2.16.1.5 Die Kalkulation des Business-Case (Beispiel)

Wenn die obigen Daten beisammen sind, werden noch die Vertriebskosten benötigt. Dann lässt sich der Business-Case einfach errechnen:

Aus dem Business-Case lässt ich auch ermitteln, wann ein Nachfolgeprojekt gestartet werden sollte. In vorliegenden Fall wäre dies spätestens im fünften Jahr der Fall, wenn sich das aktuelle Produkt noch gut verkauft.

Renditeberechnung (Zahlen in Tausend)					
	1. Jahr	2. Jahr	3. Jahr	4. Jahr	5. Jahr
Stückpreis (Verkauf)	60	55	52	50	50
Anzahl verkauft	2	50	100	120	120
Total Erlös	**120'000**	**2'750'000**	**5'200'200**	**6'000'000**	**6'000'000**
Herstellkosten	79'000	1'975'000	3'950'000	4'740'000	4'740'000
Fixkosten	7'583	7'583	7'583	8'333	8'333
Marketingkosten	5'000	3'000	1'000	1'000	1'000
Garantiekosten 1)	790	20'540	60'040	107'44'	154'840
Total Kosten	**92'373**	**2'005'123**	**4'018'623**	**4'856'773**	**4'904'173**
Gewinn	**27'627**	**743'877**	**1'181'377**	**1'143'227**	**1'095'827**

	6. Jahr	7. Jahr	8. Jahr	9. Jahr
Stückpreis (Verkauf)	48	45	45	43
Anzahl verkauft	100	90	50	40
Total Erlös	**4'800'000**	**4'050'000**	**2'250'000**	**1'720'000**
Herstellkosten	3'950'000	3'555'000	1'975'000	1'580'000
Fixkosten	8'333	6'583	6'583	6'583
Marketingkosten	1'000	1'000	500	0
Garantiekosten 1)	193'550	209'350	189'600	158'000
Total Kosten	**4'152'883**	**3'771'993**	**2'171'683**	**1'744'583**
Gewinn	**647'117**	**278'067**	**78'317**	**-24'583**
Return on Investment (ROI): 1.2 Jahre				

1) 1% der Herstellkosten der verkauften Fahrzeuge in Garantiezeit

Der ROI ist eine der wichtigsten Kennzahlen in einem Business-Case. Diese Zahl sagt aus, wie lange es geht, bis ein Projekt rentiert.

2.17 Änderungsmanagement (Change Management)

Herr Raketentrieb sprüht vor Ideen. Was ihm wichtig erscheint, lässt er sofort in die Produktentwicklung einfliessen, so auch die Verdoppelung der Flug-Reichweite des Stropters. Da Herr Raketentrieb sich ausschliesslich für die Technologie erwärmt, geraten seine Kosten und Termine ausser Kontrolle. Der Stropter kommt dadurch verspätet auf den Markt, weshalb einige Kunden ihre Kauf-Verträge bereits storniert haben. Da nicht rasch genug Geld durch den Verkauf des Stropters in die Firma zurückfliesst, kommt die Firma in arge Cash Probleme. Es droht sogar der Konkurs infolge Zahlungsunfähigkeit.

Herr Umsicht legt grossen Wert auf die Einhaltung der vereinbarten Projektziele. Die Idee eines Ingenieurs, die Flugdistanz des Volairmobils zu verdoppeln, findet er aber gut. Er erstellt einen Änderungsantrag (Change Request). Dabei kalkuliert er den Business-Case komplett neu durch, indem er die neuen Parameter von Aufwand, Kosten, Terminen und Nutzen einfliessen lässt. Er geht auch auf die Kunden zu, welche das Volairmobil bereits bestellt haben und diskutiert mit ihnen die Verbesserungen, den entstehenden Terminverzug und die Mehrkosten. Auf diese Weise abgeholt, entscheiden sich die meisten Kunden die die verbesserte Version zu kaufen. Den fertigen Änderungsantrag lässt Herr Umsicht vom Lenkungsausschuss genehmigen.

Der Lenkungsausschuss findet Möglichkeiten, das Cash Flow Risiko abzusichern und gibt den Änderungsantrag frei. Ab diesem Zeitpunkt gelten der neue Business-Case, das neue Pflichtenheft und das neue Design als Basis für die Fortführung des Projektes. Die Projektkontrolle ist somit auch in diesem Fall jederzeit möglich.

Die Einhaltung von Terminen und Kosten ist sind zentrales Thema im Projektmanagement. Deshalb muss jede Abweichung von Pflichtenheft und Design kalkuliert, dokumentiert und bewilligt werden. Dafür ist das Änderungsmanagement zuständig.

- Änderungsanträge können verschiedene Ursachen haben wie:
- Wunsch des Kunden, zusätzliche Funktionen einzubauen
- Geplante Komponenten sind nicht mehr lieferbar, es muss auf teurere Ersatzprodukte umgestellt werden.

- Das Design ist nicht umsetzbar, weil ein Fehler darin enthalten ist.
- Der Gesetzgeber hat neue Zulassungsbedingungen erlassen

Wie die obige Liste zeigt, gibt es sowohl Änderungsanträge, die dem Kunden in Rechnung gestellt werden können, als auch solche, welche vom Projekt getragen werden müssen.

Die Änderung wird wie folgt dokumentiert:

- Anpassung im Pflichtenheft und/oder Design
- Auswirkungen auf den Terminplan des Projektes
- Auswirkungen auf den Ressourcenplan
- Auswirkungen auf den Business-Case

Der so dokumentierte Änderungsantrag wird zur Entscheidung dem Lenkungsausschuss übergeben, welcher eine abschliessende Bewilligung oder Ablehnung erteilt. Diese Entscheidung wird mit Unterschriften dokumentiert.

Wenn der Änderungsantrag bewilligt worden ist, werden die Dokumente „Pflichtenheft" und „Design" entsprechend angepasst und erhalten eine neue Version. Die Projektplanung muss dann überprüft und entsprechend korrigiert werden (Aufgabenmanagement, Ressourcenmanagement).

Wird ein Änderungsantrag abgelehnt, so dokumentiert dies der Projektleiter und setzt das Projekt ohne Änderung fort.

2.18 Risikomanagement

Die Motoren des Stropters werden in einer spezialisierten Firma in Tsunamiland hergestellt. Diese Firma besitzt als einzige das Patent für die Herstellung dieses Motorentyps. Herr Raketentrieb weiss, dass alle 250 Jahre ein Tsunami in der Nähe dieser Fabrik auftritt. Da der letzte Tsunami vor 25 Jahren aufgetreten ist, macht er sich keine weiteren Gedanken darüber denn es vergehen ja noch 225 Jahre bis zum nächsten Tsunami.

Noch während der Projektphase tritt die Katastrophe dennoch ein. Ein Tsunami verwüstet die Fabrik des Motorenlieferanten. Da der Wiederaufbau der Firma fast drei Jahre dauert, verzögert sich das Stropter-Projekt und der Markteintritt des Stropters also um Jahre. Aufgrund der fehlenden Einnahmen gerät die Firma in Zahlungsschwierigkeiten.

Herr Umsicht weiss um die Tsunamigefahr seines Motorenlieferanten in Tsunamiland. Er weiss auch, dass die Statistik kein Gedächtnis hat und ein Tsunami jederzeit wieder auftreten kann. Deshalb nimmt er dieses Risiko in das Risikoregister auf. Nun sucht er Massnahmen, wie mit diesem Risiko umgegangen werden kann. Auf Anhieb findet er folgende Massnahmen, wobei er weiss, dass die Liste nicht abschliessend ist:

- Das Risiko wird bewusst in Kauf genommen. Es werden keine Rückstellungen gebildet.
- Es wird ein alternativer Antrieb von einer Firma ausserhalb Tsunamiland evaluiert, auf welchen im Notfall zurückgegriffen werden kann.
- Er lässt sich vom Hersteller bestätigen, dass der Hersteller dieses Risiko mit einer zweiten Fabrik ausserhalb des Gefahrengebietes selbst abgesichert hat, so dass eine Motorenlieferung im Tsunami-Fall weiterhin gewährleistet ist.
- Die Firma von Herrn Umsicht schliesst eine Versicherung gegen dieses Risiko ab, durch welche garantiert ist, dass die Firma durch einen Projektverzug von drei Jahren nicht in Zahlungsschwierigkeiten gerät.

Das so aufbereitete Risiko diskutiert er mit dem Lenkungsausschuss, welcher sich für eine oder mehrere der Massnahmen entscheidet. Je nach Entscheidung wird dadurch das Projekt oder der Business-Case beeinflusst, was Herr Umsicht über das Änderungsmanagement in das Projekt einfliessen lässt.

Jedes Projekt beinhaltet Risiken. Diese zu erkennen und adäquat darauf zu reagieren, kann unliebsame Überraschungen vermeiden. Aus diesem Grund wird im Projekt ein Risikoregister geführt.

Je grösser und komplexer das Projekt ist, desto wichtiger wird das Risiko Management. Studien haben gezeigt, dass beispielsweise Grossbauprojekte häufig an fehlendem oder mangelndem Risikomanagement scheitern

Jedes identifizierte Risiko wird im Register aufgeführt, bewertet, Gegenmassnahmen definiert und einer zuständigen Person zugewiesen.

Ein Beispiel eines Risiko-Blattes folgt auf der nächsten Seite:

Risiko 1	Plötzlicher Ausfall des Luftfahrzeug-Mechanikers
Auswirkungen	Teilprojekt „Prototypenbau" kann nicht weitergeführt werden. Ein teurer Mitarbeiter muss von der einzigen Flugzeugbauer-Firma im Land „angemietet" werden. Dieser muss Zeit finden und sich einarbeiten.
Termine	Projektverzug mindestens 2 Monate
Qualität	Da der externe Mitarbeitende sich selbst einarbeiten muss, kennt er das Produkt niemals so gut wie der ausgefallene interne Mitarbeitende. Fehler sind deshalb wahrscheinlicher. Dies wird in der Kalkulation mit einer Erhöhung des Zeitaufwandes um 10% eingerechnet.

Schadenswert	Der Stundensatz des externen Mitarbeitenden wird ca. 30% höher sein als ein interner Stundensatz. Die Einarbeitungszeit ist unproduktiv.
	Mehrkosten im Projekt:
	    Unproduktive Zeit * externer Stundensatz
	    + 110% * Geplante interne Zeit * externer Stundensatz
	    - 100% * Geplante interne Zeit * interner Stundensatz
	    + Verzögerung in der Markteinführung
	    + Administrativer Aufwand im HR…..
	    etc.
	Total: 200'000 € Schadenspotential

Wahrscheinlichkeit	1%
Bewertung	(Schaden * Wahrscheinlichkeit) = 2'000 €
Massnahme	Risiko als Chance werten und diese Chance wahrnehmen. • Einführen eines Lernenden der Automechaniker in die Thematiken der Luftfahrtmechanik. • Miteinbezug dieses Lernenden in das Projekt. • Lehrabschluss dieses Lernenden als Luftfahrzeugmechaniker forcieren. Zusätzliche Vorteile, gegenüber der lediglichen Risikoeliminierung: • Geringere Projektkosten, da der Stundensatz des Lernenden tiefer ist als ein normaler interner Stundensatz. • Vorhandensein eines zusätzlichen KnowHow-Trägers, wenn das Volairmobil in Produktion ist und verkauft wird.
Zuständig	Teilprojektleiter „Prototypenbau"

Verschiedene Massnahmearten, um mit Risiken umzugehen sind möglich. Die wichtigsten sind:

Vermeiden:	Massnahmen ergreifen, damit die Risiko-Ursache entfällt.
Vermindern:	Massnahmen ergreifen, um die Schadenshöhe (Kosten) oder die Eintretenswahrscheinlichkeit zu reduzieren.
Akzeptieren:	Das Risiko wird bewusst in Kauf genommen.
Eventualplan:	„Plan B" erstellen und im Eintretensfall durchführen.
Versichern:	Abschliessen einer Versicherung betreffend dieses Risikos oder anderweitige Absicherung.
Risikoübertragung:	Eine Drittperson übernimmt das Risiko. Beispiel: Exportrisikogarantie des Staates.

Wie wir im obigen Beispiel gesehen haben, können sich Risiken durchaus auch als Chance zeigen.

2.19 STAKEHOLDER MANAGEMENT

Die Herren Raketentrieb und Springinsfeld sind so überzeugt von ihrem Projekt, dass sie nicht auf die Idee kommen, dass eine dritte Partei versuchen könnte, das Projekt Stropter zu torpedieren. Als dann der „Verein zur Erhaltung der regionalen Katzenmücke" Einsprache gegen dieses Projekt erhebt, verzetteln sich die beiden Projektleiter in juristischem Hickhack und Prozessorgien. Technokratische Richtersprüche bewirken, dass sich das Projekt Stropter enorm verteuert und die gesetzten Terminziele in weite Ferne rücken.

Herr Umsicht hatte früh genug abgeklärt, ob das Volairmobil in Konflikt mit anderen Interessen stehen könnte. Er hat eine Stakeholder-Analyse erstellt und ist dabei auf den „Verein zur Erhaltung der regionalen Katzenmücke" aufmerksam geworden. Da das Volairmobil in denselben Höhenbereichen unterwegs ist wie die regionale Katzenmücke, sucht er das Gespräch mit diesem Verein. Der Vereinspräsident erklärt ihm, dass die Mücke durch die vom Antriebsmotor ausgehende Strahlung angezogen würde und so im Antrieb den Tod finden würde. Herr Umsicht klärt ab, was die Katzenmücke davon abhalten könnte, in die

Nähe des Volairmobils zu fliegen. Eine einfache Ultraschall-Methode wird gefunden, die dazu geeignet wäre. Er verspricht also, einen Ultraschallgeber in den Volairmobil einzubauen und diesen automatisch während der Flugphase zu aktivieren. Für diese Massnahme ist nur ein kleiner, fast unbedeutender Änderungsantrag notwendig. Die Bedürfnisse des „Vereins zur Erhaltung der regionalen Katzenmücke" konnten abgedeckt werden, die Mehrkosten des Volairmobils sind unbedeutend. Herr Umbricht ist es also gelungen, eine Win-Win-Situation zu erzeugen.

Je grösser und komplexer ein Projekt ist, desto grösser ist die Gefahr, dass massiver Widerstand dagegen erfolgt. Deshalb sollten mögliche Stakeholder früh genug identifiziert und kontaktiert werden.

Stakeholder sind Einzelpersonen oder Gruppen, die Interesse am Projekt haben, in irgendeiner Weise von diesem betroffen sind oder sonstige Befürchtungen, Ängste oder Sorgen im Zusammenhang mit dem Projekt haben. Beispiele:

- Garagen, welche das Gefährt später warten und reparieren sollen
- Betriebsrat oder Mitarbeitervertretung
- Endanwender / Endverbraucher
- Anwohner / Immisionsbetroffene
- Vereine und Verbände (Umweltschutzverbände, Autoclubs, usw.)
- Medien und Öffentlichkeit
- Lieferanten
- Behörden
- Konkurrenten
- Projektmitarbeitende
- Besitzer von Hochspannungsleitungen
- Tram- und Luftseilbahnbetreiber
- Gleitschirmflieger
- Modellflug- und Drohnenbetreiber

Jeder Stakeholder beobachtet, wertet und qualifiziert das Projekt von seinem Standpunkt aus. Für die Kommunikation mit den einzelnen Stakeholdern ist es deshalb wichtig, dass der Projektleiter individuelle Ansichten betreffend des Projektes erstellt, um so gezielt mit den Stakeholdern kommunizieren zu können.

Begleitung Betroffener im Veränderungsprozess

Projekte bringen Veränderungen mit sich. Veränderungen bewirken oft Ängste bei Betroffenen. Ängste lösen Widerstände aus. Es gilt für den Projektleiter, diese Personen anzuhören, die Sachlage zu erklären, Befürchtungen zu zerstreuen, damit alle Zweifel behoben werden können.

Beispiel „Coaching der Mitarbeitenden bei einem Wechsel von einer integrierten in eine autonome Projekt-Organisationsstruktur in einem Unternehmen":

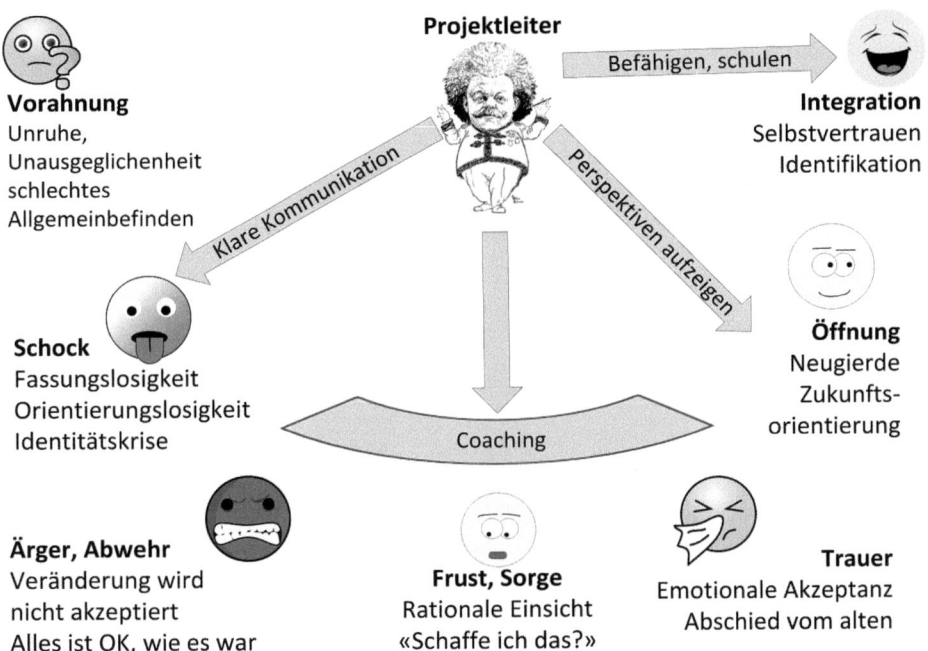

Die Smileys entsprechen den Emotionen eines Mitarbeitenden, der bei einem Wechsel der Organisationsstruktur betroffen ist.

2.19.1 Die Stakeholder – Analyse

In der Stakeholder-Analyse werden die Stakeholder und deren Einfluss auf das Projekt definiert. Die Stakeholder-Analyse liefert Informationen, wer die Stakeholder sind und wie mit ihnen kommuniziert werden soll. Die Stakeholder – Analyse deckt auch offene, schwelende oder bis anhin unbekannte Konflikte auf.

Stakeholder können klassifiziert werden. Da gibt es Befürworter mit viel Einfluss, Gegner mit wenig Einfluss usw. Es gibt auch Stakeholder mit klaren Positionen und jene, die beeinflussbar sind. Gerade die Medien können Stimmungen in positiver und in negativer Richtung bewirken. Beispiel:

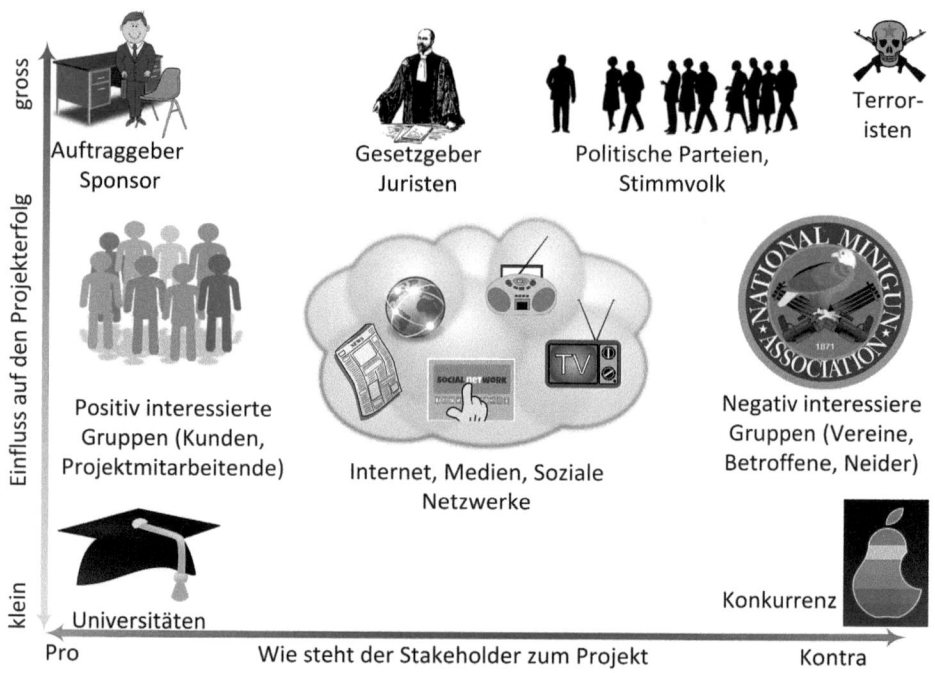

Eine Qualität des Projektleiters ist es, die verschiedenen Interessenvertreter anzuhören und ihre Anliegen ernst zu nehmen. Dadurch kann er konstruktive Ideen entwickeln, um die Hauptkritikpunkte im Projekt zu eliminieren oder abzuschwächen. Vielleicht reicht ein kleiner interner Änderungsantrag, der dem Projekt nicht weh tut, aus, um aus einem frustrierten Gegner einen zufriedenen Interessenvertreter zu machen. Wenn man diesen gewonnen hat, hat man auch einen grossen Teil seiner Gruppe gewonnen.

Je früher der Projektleiter das Gespräch mit den Interessenvertretern aufnimmt, desto einfacher wird er es im Projekt mit ihnen haben.

Situativ sollte man klugerweise die gesamte Interessengruppe einbinden. Dies kann beispielsweise mit einem Wettbewerb erfolgen wie: „Der beste Name für das Produkt wird mit einem Nachtessen für zwei Personen prämiiert". Sogleich macht sich die gesamte angesprochene Gruppe konstruktive Gedanken zum Projekt.

Vermeiden würde ich, einen „Projektmitarbeiter des Monats" zu prämiieren. Das könnte bei den leer Ausgegangenen, die ebenfalls ihr Bestes gegeben haben, Frustration auslösen, was nicht motivierend wirken würde.

Eine Prämie für alle Teilprojekt-Teams, die ihr Teilprojekt in Qualität, Terminvorgaben und Kostenbudget gut abgeschlossen haben, ist jedoch eine willkommene Motivationsspritze. Die Höhe des Betrages ist dabei nicht so ausschlaggebend. Wichtiger ist die Anerkennung, die jedes Teammitglied erfährt. Ein zehnmal höherer Betrag steigert die Motivation nicht um das 10-Fache.

Die Stakeholder-Analyse kann und sollte sinnvollerweise präzisiert werden, um zu ermitteln, wie mit den Stakeholdern noch gezielter zu kommuniziert werden kann:

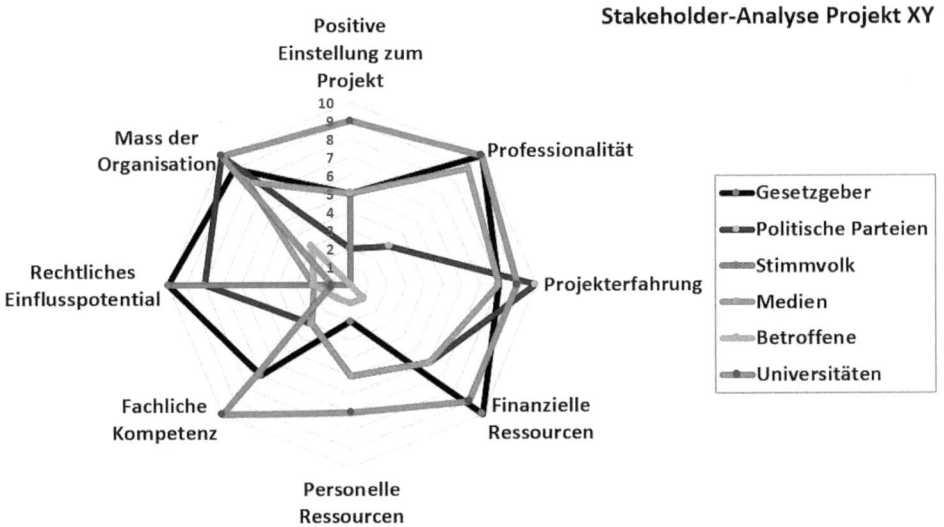

Es besteht auch die Möglichkeit, dass bei den Stakeholdern eine Komponente völlig fehlt. Ein gutes Beispiel dafür ist das Stimmvolk. Obwohl es dem Stimmvolk in vielen Fällen an der fachlichen Kompetenz und Professionalität mangelt, hat es doch das grösste rechtliche Einflusspotential.

Ein guter Projektleiter weiss um diese Tatsache und wendet sich an die Stakeholder, Medien und an die politischen Parteien. Gewinnt er diese wichtigen Stakeholder für das Projekt, besteht eine grosse Chance, dass das Stimmvolk ebenfalls für das Projekt gewonnen ist.

2.20 PROJEKTPHASEN

Der Stropter wird als Prototyp gebaut und von den Ingenieuren als gut befunden. Diesen Prototypen gibt Herr Springinsfeld in die Produktion, damit diese den Stropter in grossen Stückzahlen anfertige. Nachdem die ersten Vehikel fertiggestellt sind, werden sie auf dem Markt verkauft. Die Kunden sind jedoch unzufrieden, weil sie diverse Mängel feststellen. Negative Berichte tauchen massenhaft im Internet auf. Die ersten Kunden fühlen sich als Testkaninchen missbraucht, wofür sie auch noch bezahlen mussten. Im Hintergrund wird das Produkt verbessert und umgebaut. An der Front häufen sich die Garantiefälle. Auch Rücknahmen werden getätigt, um Rechtstreitigkeiten abzuwenden. Das Projekt Stropter kann kaum je abgeschlossen werden, die Kosten laufen aus dem Ruder.

Frau Punktgenau hat definiert, dass das Volairmobil Projektphasen mit messbaren Qualitätsprüfungen (Quality-Gates) durchlaufen muss. So stellt sie sicher, dass das Pflichtenheft und das Design von allen Entscheidungsträgern und eventuell auch von definierten Stakeholdern mit Unterschrift akzeptiert werden, bevor der Bau beginnt.

Nach dem Bau leitet sie eine interne Testreihe ein. Die Testreihe ist vollständig geplant, die Testergebnisse sind reproduzierbar. Nachdem die internen Tests abgeschlossen sind, lässt sie das Volairmobil durch potentielle Kunden testen und bewerten. Dabei achtet sie darauf, dass nicht nur eine einzige Anwendergruppe das Volairmobil testet, sondern dass Vertreter diverser Anwendergruppen als Tester gewonnen werden. So testet eine Managerin, ein Rennfahrer, ein Pilot, ein ÖV-Fan, ein Velofahrer, eine Kindergärtnerin, ein Polizist, ein Familienvater usw. die Tauglichkeit und Funktion des Volairmobils. Erst wenn diese Tests mit positivem Resultat abgeschlossen sind, werden die Produktions- und Verkaufsprozesse pilotiert. Zuerst wird eine Kleinserie hergestellt und verkauft.

Treten Fehler auf, werden diese korrigiert und die Pilotierung anschliessend wiederholt. Erst nachdem die auch diese Pilotreihe erfolgreich verlaufen ist, werden die Produktions- und Verkaufsprozesse hochgefahren. Damit ist garantiert:

- dass das Produkt die Spezifikationen erfüllt
- dass der Markt das Produkt akzeptiert
- dass die Produktions- und Verkaufsprozesse funktionieren
- dass der Endkunde zufrieden ist

Für verschiedene Projektarten werden unterschiedliche Phasenmodelle eingesetzt. Z.B.:

- Phasenmodell für Anlagenbau
- Phasenmodell für technische Aufgaben
- Phasenmodell für Organisationsprojekte
- Phasenmodell für Investitionsprojekte
- V-Modell in der Softwareentwicklung

Das Gemeinsame an allen Phasenmodellen ist, dass der Phasenübergang formell als Meilenstein oder als Quality-Gate gestaltet wird. Im Weiteren lehne ich mich in diesem Buch an die Phasenmodelle für technische Aufgaben an.

Beispiele von Phasenmodellen sehen Sie auf der nächsten Seite:

Hauptphasen	Vorprojekt			Aufbau / Inbetriebsetzung					
Generisch	Idee	BID	Konzept	Design	Build	Test	Pilot	Verteilung	Rollout	Abschluss
Bauwirtschaft SIA	Strategie	Vor-studien	Projektierung	Ausschreibung	Realisierung				Rückbau	Abschluss
Öffentl. Ämter Hermes	Initialisierung	Vor-analyse	Konzept		Realisierung				Bewirtschaftung	Abschluss
Produkt-Entwicklung	Idee	Konzept		Design	Build (evt. agil)	Test (evt. agil)	Pilot	Einführung		Abschluss
IT-Projekt	Anstoss	BID	Konzept	Design	Build	Test	Pilot	Verkauf	EOL	Abschluss
Organisations-Projekt	Ist-Analyse		Soll-Konzept				Pilot	Umsetzung Gesamtorganisation	Rollout	Abschluss
									Rückbau	
Investitions-Projekt	Idee	Planung	Behörden Bewillig.	Beschaffung	Bau, Montage	Test	Inbetriebsetzung	Umstellung	Rückbau	Abschluss

Zeit →

◇ Hier endet oft das Vorprojekt. Das Hauptprojekt wird danach initiiert, was manchmal auch als eigene Phase eingezeichnet wird.

✶ An diesem Phasenübergang fällt die «Go Life» Entscheidung. Ab diesem Meilenstein gibt es in vielen Projekten kein Zurück mehr.

Im vorgängigen Diagramm verwendete Abkürzungen und Begriffe:

BID: Angebotsphase (Bid = engl. Gebot, Ansage). Hier wird das erste Mal geprüft, ob das Projekt weiterverfolgt werden soll.

Konzept: Erstellung der Architektur des Projekt-Endproduktes. Bei Phasenmodellen ohne Design, beinhaltet diese Phase auch die Feinplanung.

Design: Detaillierte Ausarbeitung der Architektur und technische Feinplanung.

Build: Aufbau und Realisierung.

Pilot: Ausliefern des Projekt-Endproduktes in geringen Stückzahlen.

Rollout: Massen-Herstellung / -Auslieferung / -Verkauf des Projektendproduktes.

EOL: „End of Life". Das Produkt oder der Release (diese Version des Produktes) wird nicht mehr produziert, resp. verkauft.

2.21 MEILENSTEINE UND QUALITY-GATES

Nach dem Bau der ersten Stropter meldet die Produktion, dass bei der Montage der Motorenaufhängung viel Ausschuss erzeugt werde, weil die komplizierten Aluminiumteile beim Einbau reissen. Herr Springinsfeld entscheidet, die Produktion weiterlaufen zu lassen und parallel dazu eine Lösung zu finden. Er findet auch eine, muss aber nicht nur die Motorenaufhängung ändern, sondern auch das Chassis anpassen, denn nach der Umstellung meldet die Produktion, dass die bereits produzierten Chassis nicht umgebaut werden können. Diese und die gerissenen Teile müssen vernichtet und neue Teile angefertigt werden.

Frau Punktgenau lässt nach dem Funktionalitätstest des Volairmobils eine kleine Pilotserie bauen. Weil sie die Produktionsabteilung schon früh mit in das Projekt einbezogen hat, meldet jene „Erfolg". Nun lässt sie eine zweite Pilotserie unter Voll-Last der Produktionsmaschinen produzieren. Auch unter diesen Bedingungen funktionieren die Produk-

tionsprozesse einwandfrei. Diese Erfolgsmeldung lässt Frau Punktgenau vom Produktionsleiter unterschreiben. Damit ist das Quality-Gate für das Hochfahren der Produktion durchlaufen.

Meilensteine sind definierte Ankerpunkte in einem Projektablauf. Sie können überall im Projekt gesetzt werden, wo gesagt werden kann: „Jetzt haben wir wieder etwas erreicht". Es sind projektinterne Bezugspunkte, welche zur Fortschrittsbetrachtung herangezogen werden.

Quality-Gates sind Meilensteine besonderer Art. Wenn ein Quality-Gate nicht erfolgreich durchlaufen werden kann, sollte der nächste Projektschritt nicht eingeleitet werden. Quality-Gates werden deshalb bei Phasenübergängen im Projekt gerne eingesetzt. Das erfolgreiche Durchlaufen des Quality-Gate wird von der zuständigen Person mit Unterschrift beglaubigt.

Beispiele von Quality-Gates:

- Technische Abnahme durch den Auftraggeber
- Freigabe der Inbetriebsetzung der Lösung

2.22 KLASSISCHES PROJEKTMANAGEMENT UND AGILE ENTWICKLUNGSMETHODEN

Das klassische Projektmanagement zeichnet sich durch klare Strukturen, Phasenübergänge und Prozesse aus. Änderungen an den Anforderungen werden als „Störung" empfunden und werden über das Änderungsmanagement abgefangen.

Bei agilen Entwicklungsprinzipien (z.B. SCRUM) steht ein funktionierendes Produkt im Vordergrund, auch wenn noch nicht der ganze Funktionsumfang bereitgestellt ist. Bei jedem Entwicklungszyklus wird das Produkt mit zusätzlicher Funktionalität ausgestattet.

Oberflächlich betrachtet stehen die agilen Prinzipe mit dem klassischen Projektmanagement im krassen Gegensatz. Fakt ist jedoch, dass sich diese beiden Prinzipe hervorragend gegenseitig ergänzen.

2.22.1 Agile Entwicklung innerhalb eines Projektes

Herr Raketentrieb will seinen Stropter möglichst schnell fertigstellen. Während die einen Projektmitarbeitenden das Fahrzeug zusammenbauen, programmieren die anderen die Flugsteuerung. Nach der Fertigstellung wird der Computer mit der Flugsteuerung in das Fahrzeug eingebaut. Beim ersten Flugversuch zeigt sich jedoch, dass die Programmierer die Trägheit des Stropters falsch eingeschätzt haben. Da die Flugsteuerung bereits alle Funktionen enthält, müssen die Programmierer jede Steuerungsfunktion einzeln umprogrammieren. Dies kostet viel Zeit und Arbeit.

Frau Punktgenau weiss um die Vorteile agiler und testgetriebener Entwicklungsprinzipe. So lässt sie ein Fahrzeugmodell bauen, welches in Dimension und Gewicht mit dem Projekt-Endprodukt übereinstimmt. Die Software-Entwickler sollen zuerst nur eine einzige Funktion programmieren: vertikale Bewegung. Diese Funktion lässt Frau Punktgenau testen. Die allfällige Korrektur der Trägheitskompensation ist in diesem einen Software-Modul einfach zu modifizieren. Die korrekten Parameter sind dann für die Implementierung der nächsten Funktionen bekannt.

Als nächste Funktionalität wird „Drehen in der Luft" entwickelt. Die beiden nacheinander entwickelten Funktionen werden auch im Zusammenspiel getestet. Als nächste Funktion kommt Flugbewegung nach vorne und Anhalten dazu.

Derweil die Mechaniker das Volairmobil fertigstellen, programmieren die Software-Entwickler eine Funktion nach der anderen. Jede fertiggestellte Funktion wird auf dem Volairmobil-Prototypen getestet. Die Ergebnisse fliessen in die Erstellung weiterer Funktionen mit ein. So begegnen sich die Mechaniker und die Software-Entwickler öfter und tauschen Ihre Gedanken aus, was dem Verständnis der „Welt des Gegenüber" und somit der Produktequalität dienlich ist.

Während klassische Projektleitungsmethode (z.B. PRINCE2, HERMES) den gesamten Lebenszyklus eines Projektes abdecken, fokussieren sich agile Entwicklungsmethoden (z.B. SCRUM, Testgetriebene Entwicklung, Feature Driven Development usw.) auf die Entwicklungsphase eines Projektes. Bei Entwicklungsprojekten, bei denen das Design Teil des Hauptprojektes ist, kann es von Vorteil sein, innerhalb einer Projektphase kleine Schritte (Sprints) vorzunehmen und diese im Gesamtkontext zu testen. So kann die Entwicklungszeit optimiert werden. Dabei kann es durchaus vorkommen, dass im einen Teilprojekt klassisch entwickelt wird (z.B. Fahrzeugchassis) und im anderen Teilprojekt agil (z.B. Software)

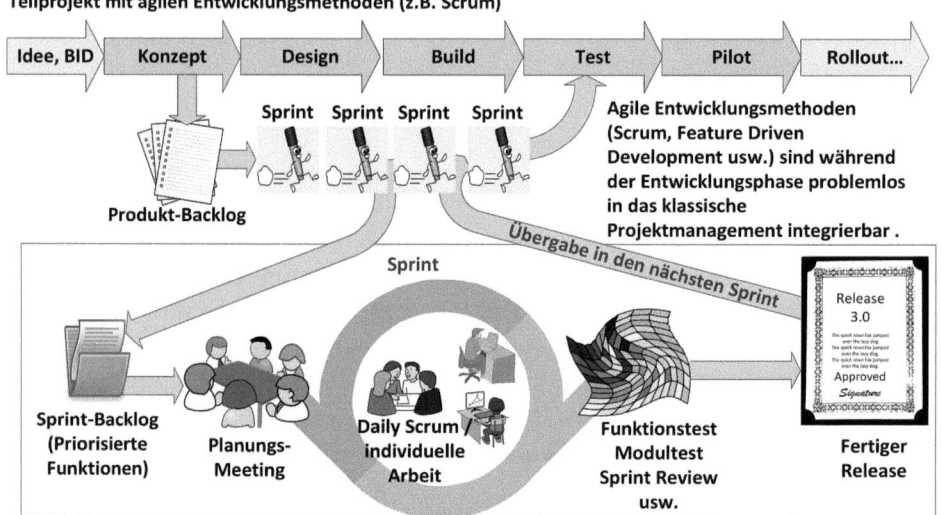

Voraussetzung für eine erfolgreiche Integration agiler Entwicklungsmethoden in ein Projekt ist, dass mindestens die Anforderungen an die Funktionalität im Pflichtenheft klar umschrieben sind.

2.22.2 Agiler Ansatz bei Handelsprodukten und Services

Herr Raketentrieb will den perfekten Stropter bauen. Immer und immer wieder werden neue Ideen direkt umgesetzt, bevor die alten fertig gebaut worden sind. Da es am Stropter immer etwas zu verbessern gibt, wird der Stropter auf diese Weise nie marktreif fertiggestellt.

Das Pflichtenheft des Volairmobils zeigt klar auf, welche Funktionen für die Version 1 zur Verfügung stehen müssen. Ideen, welche diesen Funktionsumfang übersteigen, werden im Rahmen des Änderungsmanagements beurteilt. Eine Antwort aus dem Änderungsmanagement kann sein: Die Funktion wird eingebaut, aber erst in der Version 2, also im Folgeprojekt. So wird sichergestellt, dass das Volairmobil zum vereinbarten Termin mit dem vereinbarten Funktionsumfang auf den Markt kommt.

Bei komplexen Endprodukten kann es durchaus Sinn machen, dass zuerst eine einfachere Version auf den Markt kommt. Später folgt dann eine an Funktionen reichere Version und noch später eine Variante mit noch mehr Möglichkeiten. Über die Versions-Steuerung kann also laufend auf veränderte Marktbedürfnisse eingegangen werden.

2.23 Arbeitslast (Workload) in einem Projekt

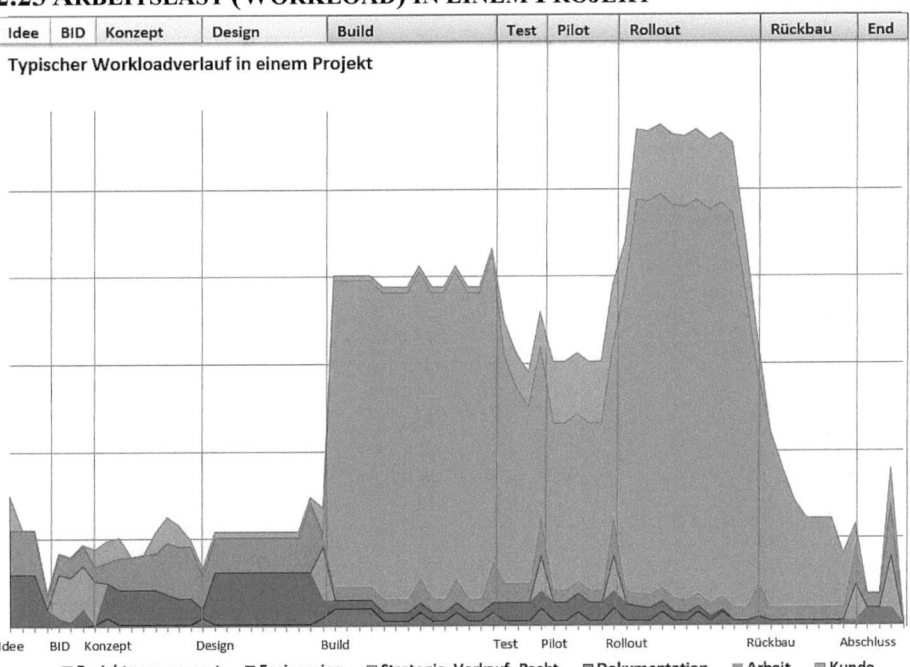

Wie die Graphik deutlich macht, ist die Arbeitslast (Workload) im Hauptprojekt wesentlich höher als im Vorprojekt. Es ist verständlich, dass sich Fehler im Vorprojekt (Konzept, Design) um ein Mehrfaches im Hautprojekt auswirken. Aus diesem Grund sollte im Vorprojekt kein Aufwand gescheut werden, um alle Parameter von vornherein richtig zu definieren.

2.24 LEAN-ANSATZ IM PROJEKT MANAGEMENT

„Lean" ist heutzutage in jedermanns Munde. Das gilt auch im Projektmanagement. Lean heisst nicht „Schlank werden um jeden Preis", sondern „Mehrwert für den Kunden zu schaffen und Verschwendung zu vermeiden.":

- Ein gutes und gelebtes Kommunikationskonzept stellt sicher, dass die Auftraggeber und Stakeholder jederzeit über den Projektfortschritt informiert sind. Die Auftraggeber sind dadurch jederzeit über die Schaffung von Mehrwert in ihrem Bereich informiert. Schwelende Unsicherheiten treten so bei den Stakeholdern nicht auf, was den Aufwand für das Stakeholdermanagement reduziert.
- Ein vollständiges, glasklares Pflichtenheft (Lastenheft) ist ein Garant dafür, dass genau der vereinbarte Funktionsumfang des Projektendproduktes geliefert wird. Das Festhalten an der Funktionsliste im Pflichtenheft hilft, eine Überproduktion zu vermeiden.
- Die Verwendung eines Änderungsmanagement-Prozesses garantiert dass das Projektziel immer klar vor Augen steht. Dieser Prozess verhindert das Auftreten von „Moving targets" (Sich „selbständig" verändernde Ziele) und verhindert so eine verschwenderische Überproduktion.
- Eine aktive Ressourcenplanung reduziert unproduktive Arbeitszeit. Projektmitarbeitende sollten von anderen Aufgaben befreit werden. Ist dies nicht möglich, sollten definierte Zeitfenster vereinbart werden, wo der Projektmitarbeitende ausschliesslich für das Projekt arbeiten kann. Auf diese Weise fällt ein häufiger Wechsel zwischen Aufgaben weg, was weniger Zeit benötigt und die Fehlerrate reduziert.
- In jedem Projekt treten Schnittstellen auf:
    - Ein Teilprojekt muss auf ein Lieferobjekt eines anderen Teilprojektes warten.
    - Ein Arbeitsschritt kann nicht ausgeführt werden, weil die Produktionsmittel und Werkzeuge anderweitig belegt sind.

  Es geht also darum, die Schnittstellen zu identifizieren und die beteiligten Systeme, Ressourcen und Teilprojekte entsprechend zu koordinieren.
- Warten bedeutet Leerlauf und Leerlauf ist Verschwendung. Wartezeiten können verschiedene Ursachen haben, welche es zu reduzieren oder zu eliminieren gilt:

- o Kompetenzunklarheiten.
  Der Projektleiter weiss nicht genau, wann er eine zusätzliche Unterschrift einholen muss oder er braucht für seine Entscheidungen noch das OK einer anderen Person. Konkret: Der Projektleiter hat keine CEO-Kompetenzen in seinem Projekt.
- o Es gibt zu viele oder unklare Freigabeinstanzen. Zu viele Stellen sind für Entscheidungen zuständig. Da diese Stellen oft nicht sofort verfügbar sind, entstehen Wartezeiten bei der Freigabe von Dokumenten oder Phasenübergängen.
- o Allgemein: träge Entscheidungsträger. Notwendige Entscheidungen müssen zügig getroffen werden.
- o Ein aktives Stakeholdermanagement hilft, Projektverzögerungen durch einflussreiche Stakeholder zu minimieren.
- Zu extensive Projektbürokratie erhöht den administrativen Aufwand unnötig. Der Projektleiter wägt vor dem Projekt ab, wie viele Reports, Listen usw. geführt werden sollen. Er optimiert den bürokratischen Aufwand auf das Notwendige und Sinnvolle.
- Fehlleistungen und Fehlproduktion erzeugen unnötigen Aufwand und Kosten. Ein vollständiges Konzept und Design kosten weniger als nachträgliche Änderungen am Produkt. Der Aufwand für Konzept und Design zahlt sich im Nachhinein immer wieder aus.
- Meilensteine und Quality-Gates verhindern, dass am Projekt weitergearbeitet wird, bevor die vorangehenden Schritte abgearbeitet und das Vorprodukt oder das Modul eingehend getestet worden sind. Produktefehler können so rechtzeitig korrigiert werden und werden nicht bis ins Endprodukt weitergenommen, wo dann eine Korrektur wesentlich aufwendiger wäre.

3 Durchführung von Projekten

Am Anfang ist die Idee da. Damit ist ein Projekt aber noch nicht geboren. Es braucht in der Folge viele Planungsschritte - und nicht zuletzt einen Sponsor. Um überhaupt eine Idee umsetzen zu können, wird zuerst ein Vorprojekt im Sinne einer Machbarkeitsstudie gestartet.

Je nach Firmenkultur werden Vorprojekte als betrieblicher Auftrag ausgeführt oder formell als Projekt freigegeben. Wie auch immer: Beim Freigabeprozess für das Hauptprojekt müssen die Ergebnisse des Vorprojektes vorliegen. Falls nicht, wird das Ergebnis kaum mit den definierten Kosten, Terminen und in der gewünschten Qualität abgeliefert werden können.

3.1 Das Vorprojekt und Design

Das Vorprojekt liefert alle notwendigen Entscheidungsgrundlagen, um eine Freigabe des Umsetzungsprojektes zu erwirken.

Ideen sollten in einem Ideen- oder Innovationsmanagement-Prozess verwaltet werden.

3.1.1 Idee und Anstoss

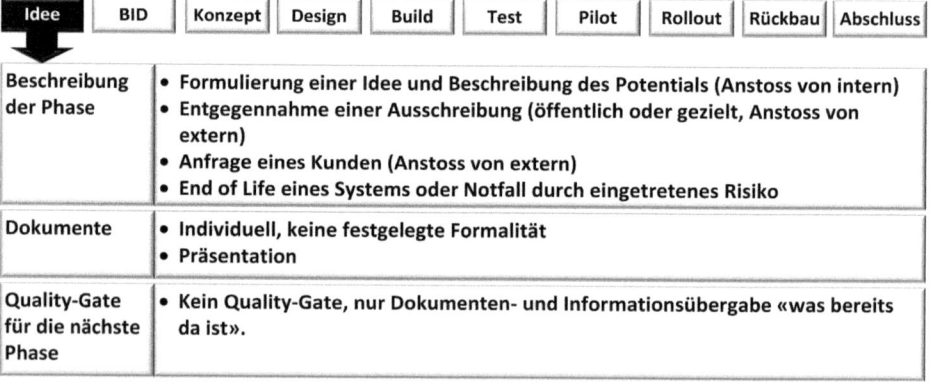

Beschreibung der Phase	• Formulierung einer Idee und Beschreibung des Potentials (Anstoss von intern) • Entgegennahme einer Ausschreibung (öffentlich oder gezielt, Anstoss von extern) • Anfrage eines Kunden (Anstoss von extern) • End of Life eines Systems oder Notfall durch eingetretenes Risiko
Dokumente	• Individuell, keine festgelegte Formalität • Präsentation
Quality-Gate für die nächste Phase	• Kein Quality-Gate, nur Dokumenten- und Informationsübergabe «was bereits da ist».

3.1.2 BID – oder die Entscheidung, das Vorprojekt zu starten

BID (Bid = engl. Gebot, Ansage) heisst so viel wie: „Sollen wir anbieten?", „Sollen wir die Kosten für das Vorprojekt sprechen?" Es ist also die Bereitschaft zum Kauf oder Verkauf von Waren oder Dienstleistungen, resp. die Bereitschaft, ein Projekt innerhalb eines definierten Zeitrahmens zu einem spezifizierten Preis anzubieten.

Herr Raketentrieb ist der Leiter der Entwicklungsabteilung. Sinn der Entwicklungsabteilung ist es, Neues zu erfinden. Deshalb erzählt er niemandem vom Stropter, lässt aber seine Leute daran arbeiten. Dadurch bindet er jene Ressourcen, welche für die Verbesserung des reparaturanfälligen Amphimobils geplant waren an sein Projekt. Dass die Firma in der Folge durch die verspätet umgesetzten Verbesserungen am Amphimobil viel Geld verliert, zieht er nicht in seine Betrachtungen mit ein.

Herr Umsicht organisiert ein kurzes Info-Meeting mit dem Marketingleiter, dem CEO, dem Produktionsleiter, dem Verkaufsleiter und dem Finanzchef. Dabei stellt er die Idee des Volairmobils vor und gibt eine Management-Zusammenfassung der bisherigen Erkenntnisse ab. Nach einer Fragerunde schliesst er die Sitzung erst ab, nachdem ein Folgetermin für eine Abstimmung gefunden und vereinbart worden ist.

Am vereinbarten Termin kommen alle wieder zusammen. Jeder hat sich ernsthaft mit dem geplanten Volairmobil auseinander gesetzt und gemeinsam wird beschlossen, dass die Firma die Entwicklung des Volairmobils verkraften kann und für gut befindet.

3.1.3 Die Konzeptphase

Herr Raketentrieb weiss, dass er den Stropter will. Er weiss zwar noch nicht genau, wofür dieser eingesetzt werden soll, aber der Einsatz-Zweck wird sich schon finden, wenn der Stropter einmal da ist. Auch hat er sich noch nicht überlegt, für welche Zielgruppe das Fahrzeug bestimmt sein soll. Somit ist ihm auch nicht klar, was das Endprodukt in der Herstellung kosten darf. Relativ konzeptlos geht er in die nächste Projektphase.

Herr Umsicht tut sich mit Frau Punktgenau zusammen, weil er weiss, dass sich ihrer beiden Fähigkeiten ideal ergänzen. Sie beginnen, das

Konzept für das Pflichtenheft zu schreiben. Dabei stellen sie unter vielem anderen klar:

Ausgangslage:
- Jedes Jahr stehen die Pendler durchschnittlich 8% länger im Stau als im Vorjahr. Dieser Trend hat sich noch nicht abgeschwächt.
- Durch die Nutzung der dritten Dimension (Höhe) als „Bewegungs-Ebene" könnte das Warten im Stau eliminiert werden.
- Das Volairmobil stellt für die Besitzer einen Mehrwert dar, weil sie durch die Verwendung dieses Fahrzeuges täglich x Minuten Wartezeit einsparen könnten und der Besitzer deshalb auch bereit ist, einen Betrag y mehr zu bezahlen als für ein konventionelles Auto.
- Die Lebensqualität des Besitzers lässt sich durch ein Volairmobil verbessern.
- usw.

Beschreibung des Projekt-Endproduktes, Ziele und Nicht-Ziele:
- Das Volairmobil richtet sich an Geschäftsleute, welche oft im Stau stehen.
- Der Lärmpegel des Volairmobils darf - auch beim Start - 85 dB nicht übersteigen.
- Für vertikale Bewegungen soll der kürzlich in Tsunamiland patentierte Fantasitronen-Antrieb eingesetzt werden.
- Das Volairmobil steht explizit nicht in Konkurrenz mit Flugzeugen und Helikoptern. Seine Flugeigenschaften beschränken sich auf eine Flugzeit von max. 10 Minuten und eine Flughöhe von max. 30m über Boden.
- Das Volairmobil bewegt sich nur auf der Strasse oder in der Luft. Es bewegt sich nicht im Wasser, ist also <u>kein</u> Amphibienfahrzeug, das Schwimmen oder Tauchen kann.
- usw.

Rechtliches, Zulassungen und Normen:
- Die geltenden Strassen- und Luftverkehrsgesetze sind strikte zu erfüllen.
- Allfällige Lücken in der Strassen- und Luftverkehrsgesetzgebung sind als Projektaufgabe zu behandeln, mit den Behörden zu diskutieren und zu schliessen.

- Versicherungstechnische Lücken sind als Projektaufgabe zu behandeln, mit den Versicherungsvertretern verschiedener Versicherungsgesellschaften zu diskutieren und zu schliessen.

Umwelteinfluss:
- Das Volairmobil kann global zur Verminderung lokaler Stausituationen auf den Strassen und somit zur Reduktion des Schadstoff- und CO_2-Ausstosses beitragen.
- Die Verwendung des einzigartigen, patentierten Fantasitronen-Antriebes garantiert einen sehr leisen und geräuscharmen Flugbetrieb.
- usw.

Sicherheit:
- Alle flugfähigen Automobile sind bis auf einen Abstand von mindestens 200m sind funktechnisch untereinander zu verbinden. Eine Art Autopilot soll Kollisionen von allen Seiten verhindern. Die Gründung eines Herstellerkonsortiums für die Definition eines gemeinsamen Sicherheitsstandards ist daher zwingend.
- usw.

Wirtschaftlichkeit:
- Detaillierter Business-Case

In dieser Projektphase wird das Grobkonzept, resp. die Architektur des Projekt-Endproduktes definiert. Es werden die Module bestimmt, auf denen das Produkt basiert. Die Komplexität des Produktes wird ebenfalls an dieser Stelle beschrieben.

Die beschriebene Architektur ergibt einen vollständigen Überblick über die Strategie, die Ziele, die Methoden und die Strukturen zur Erreichung des gewünschten Projektergebnisses. Sie beschreibt auch die einzusetzenden Technologien.

Wichtig ist, dass in dieser Phase der Umfang der Projektes (der Scope) abgesteckt wird. Es muss klar definiert werden, was das Produkt können, aber auch nicht können muss. Je eindeutiger diese Abgrenzungen definiert werden, desto berechenbarer wird das Projekt.

| Idee | BID | **Konzept** ⬇ | Design | Build | Test | Pilot | Rollout | Rückbau | Abschluss |

Beschreibung der Phase	• Detaillierte Aufnahme der Ist-Situation (Due Dilligence) • Erstellung der technischen Konzepte, resp. der Architektur • Erstellung der Verkaufsstrategie • Erstellung der Projektstrategie • Erstellung eines groben Kostenrahmens und einer Roadmap (Zeitplan)
Dokumente	• Entscheidungsgrundlagen für eine Freigabe des Hauptprojektes oder der Design-Phase
Quality-Gate für die nächste Phase	• Pflichtenheft auf Konzeptbasis • Business-Case auf Konzeptbasis
Beachten	• Stakeholder mit einbeziehen. Eine Änderung am Konzept kostet jetzt am wenigsten. • Annahmen wenn immer möglich durch Fakten ersetzen. • Der Kunde/Auftraggeber muss jetzt seinen Pflichten der Informationslieferung nachkommen. • Schützen Sie Ihre Ideen und Lösungen, z.B. durch ein NDA (Non disclosure agreement).
Hauptfehler	• Mit zu vielen Annahmen und Schätzungen kalkulieren. • Lückenhafte Beschreibungen, welche Interpretationsspielraum offen und Fehler entstehen lassen können. • Vergessenes NDA (Non disclosure agreement) oder andere rechtlicher Absicherung.

3.1.4 Das Design (Spezifikation des Projekt-Endproduktes)

Herr Raketentrieb bestellt den kleinsten Fantasitronen-Antrieb in Tsunamiland, weil er die Karosserie seines Stropters aus Kunststoff bauen will. Kunststoff ist leicht und braucht weniger Leistung. So baut er also seinen ersten Stropter. Bei der Zulassungsprüfung fällt dieser jedoch durch, weil der Kunststoff zu leicht brennbar ist.

Zurück an den Anfang: Herr Raketentrieb baut jetzt die Karosserie aus Aluminium. Da dieses Metall aber schwerer ist als der Kunststoff, hebt sein Stropter nicht ab. Raketentrieb bestellt also den mittelgrossen Fantasitronen-Antrieb. Als dieser geliefert wird, merkt Herr Raketentrieb, dass dieser Motor aufgrund seiner Grösse nicht in die Karosserie passt. So baut er eine grössere Karosserie um den Motor herum. Dadurch ist aber die Karosserie wieder schwerer geworden und der Stropter hebt immer noch nicht ab. Er bestellt nun den grossen Fantasitronen-Antrieb…

Frau Punktgenau kennt die feuerpolizeilichen Vorschriften. Sie hat diese ja schon in der Konzeptphase abgefragt. Da das Thema Gewicht / Leistung komplex zu rechnen ist, hat sie einen Berater aus der Helikopterbranche beauftragt, die Berechnung und Planung der Karosserie- und Motorenparameter durchzuführen.

Entsprechend der Planung bestellt sie den grossen Fantasitronen-Antrieb und lässt die Aluminiumkarosserie den Motorenabmessungen entsprechend bauen. Der nach diesen Plänen gebaute Volairmobil hebt beim ersten Versuch erwartungsgemäss vom Boden ab.

Am Ende der Design-Phase ist im Idealfall jedes Modul bis auf die letzte Schraube beschrieben und gezeichnet. Wenn es sich um ein Entwicklungsprojekt handelt, wird das Design meistens im Hauptprojekt geplant. Dann wird das Design im Vorprojekt durch ein Konzept ersetzt. Wichtig ist in jedem Fall, dass im Pflichtenheft die funktionellen Anforderungen an das Projekt-Endprodukt klar definiert sind. Auch sind bei einem solchen Projekt agile Entwicklungsansätze (z.B. Scrum) integrierbar.

Bei Umsetzungsprojekten muss das detaillierte Design vor der Freigabe des Hauptprojektes vorliegen, damit der Business-Case möglichst genau kalkuliert werden kann.

| Idee | BID | Konzept | **Design** ⬇ | Build | Test | Pilot | Rollout | Rückbau | Abschluss |

Beschreibung der Phase	• Erstellung der technischen Spezifikationen, Stücklisten, Arbeitsschritte • Erstellung der Verkaufsprozesse • Erstellung der Betriebsprozesse • Erstellung des belastbaren (verlässlichen) Business-Case • Erstellung belastbaren Ressourcenplanung und Roadmap (Zeitplan)
Dokumente	• Entscheidungsgrundlagen für eine Freigabe des Hauptprojektes oder der Aufbau-Phase, resp. für einen definitiven Auftrag • Service Level Agreement (SLA = Leistungsvereinbarung) • Projektvertrag, eventuell Vertrag über das Projekt und den anschliessenden Betrieb
Quality-Gate für die nächste Phase	• Belastbares (verbindliches) Pflichtenheft, beidseitig unterschrieben • Belastbarer Business-Case (beidseitig unterschrieben) • Detaillierter SLA, falls das Projekt-Endprodukt Service-Elemente enthält, inkl. Pönalenregelung! (Zahlung bei SLA-Verletzung), beidseitig unterschrieben. • Rechtlich verbindlicher Vertrag mit dem Kunden/Auftraggeber (beidseitig unterschrieben)
Beachten	• Detaillierungsgrad des Design-Dokumentes so hoch wählen, dass eine konsequente Ausrichtung am Design-Dokument möglich ist. • Nur ein vollständiges Design erlaubt eine zuverlässige Kalkulation des Business Case. • Bei der Ressourcenplanung auch die Ressourcenverfügbarkeit abklären. • Alle Faktoren in die Preiskalkulaton einfliessen lassen. Pönalen («Bussen») als Risiken bewerten und in den Servicepreis integrieren.
Hauptfehler	• Zu wenig ins Detail gehendes Design, welches Interpretationsspielraum offen lässt.

Das Design beschreibt die „Innereien" und die Schnittstellen des Projekt-Endproduktes in einem so genauen Detaillierungsgrad, dass die Kosten realistisch abgeschätzt werden können. Kostenneutrale Elemente wie z.B. die endgültige Farbe können noch offen gelassen werden.

Beispiele:

- Als Betriebssystem für den Bordcomputer wird Pinguin 2016 verwendet.
- Die Karosserie soll aus Leichtmetall mit max. 3 mm Dicke bestehen. Die exakte Farbe wird erst im Hauptprojekt bestimmt.
- Als Kraftstoff kann jeder flüssige, Benzin-ähnliche Öko-Brennstoff für Kraftfahrzeuge mit einer Oktanzahl ab 85 verwendet werden.

Tipp:
Der Aufwand für ein einwandfreies Design zahlt sich später bei der Umsetzung durch Aufwandreduktionen mehrfach aus. Auch die Wahl der Komponenten sollte mit Evaluationsergebnissen begründet sein.

3.2 Die Projektfreigabe

Im Labor von Herrn Raketentrieb stehen fünf angefangene Stropter-Prototypen. Als der CEO zufällig vorbeikommt, fragt er, was das für komische Dinger seien. Voller Stolz erklärt Herr Raketentrieb seine Idee. Der CEO zuckt zusammen, nachdem er zusammenrechnet, was diese fünf nutzlosen Testmobile bereits gekostet haben. Er zitiert Herrn Raketentrieb in die nächste Geschäftsleitungssitzung. Dort muss dieser darlegen, wie viel Geld bereits in dieses Projekt gesteckt worden ist.

Frau Punktgenau lässt das Design-Dokument und den finalisierten Business-Case des Volairmobils mittels eines Review-Prozesses verifizieren. Der Produktionsleiter findet ein kleines Detail, das er mit seinen bestehenden Produktionsmaschinen nicht wie beschrieben umsetzen kann. Er meldet dies. Daraufhin lässt Frau Punktgenau das Design entsprechend ändern. Da die Änderung doch etwas grösser witd, läuft das Dokument ein zweites Mal durch den Review-Prozess. Der Marketingleiter, der Produktionsleiter, der Finanzchef und die Personaldienstleiterin finden das Dokument nun OK und teilen dies dem CEO mit. Dieser kann auf die Gründlichkeit seiner Mitarbeitenden vertrauen und gibt das Projekt offiziell frei.

Nach dem Vorprojekt geht es darum, die Sponsoren und Auftraggeber davon zu überzeugen, dass die Umsetzung des Vorschlages einen Mehrwert für den sie bringt. Wichtig ist, dass die Präsentationen so vorbereitet sind, dass sie vom Auftraggeber verstanden werden. Wenige Folien und Konzentration auf die Kernaussagen wirken stärker. Gerade bei Entscheidungsträgern gilt: ein Bild und eine Zahl wirken mehr als tausend Worte. Es reicht, wenn die erklärenden Informationen „auf der Tonspur" präsentiert werden. Bei Rückfragen kann immer noch auf das Pflichtenheft, das Design oder den detaillierten Business-Case zurückgegriffen werden.

Der Auftraggeber kommt aber nicht darum herum, das Pflichtenheft sorgfältig durchzulesen, denn mit der Projektfreigabe bestätigt er auch das Pflichtenheft. Schreiben Sie daher im Projektfreigabeformular:
Umsetzung des Projektes xxx gemäss Pflichtenheft Version ... und Lösungsdesign Version ...

Tipp:
Lassen Sie das Pflichtenheft auf jeder Seite vom Auftraggeber stempeln oder visieren und das Dokument am Schluss unterschreiben. Damit sichern Sie sich gegen spätere Diskussionen ab.

Nach erfolgter Projektfreigabe werden Pflichtenheft, Design und Business-Case „eingefroren" und dürfen nur noch über den Projektänderungsprozess (Change Request) modifiziert werden.

3.2.1 Der Projektvertrag
Bei Projekten mit externen Partnern wird ein Projektvertrag zwischen allen Parteien abgeschlossen. Der Projektvertrag ist rechtlich gesehen ein Werksvertrag. Der Projektpreis kann nach Aufwand oder Pauschal vereinbart werden.

Folgende Vertragsinhalte dürfen nicht fehlen:

- Alle Punkte der Leistungserbringung (Pflichtenheft ist das A und O) inkl. Termineinhaltung von Meilensteinen und Quality-Gates
- Eigentums- und Nutzungsrechte am Projekt-Endprodukt, aber auch an den Teilergebnissen.
- Massnahmenkatalog zur Erfüllung der Informationssicherheit
- Abnahmekriterien für die Projektergebnisse (Pflichtenheft)
- Konsequenzen bei Nichterfüllung von Vertragsbestandteilen (Konventionalstrafen, Pönalen, Schadenersatz)
- Konsequenzen bei Insolvenz des Auftragsnehmers
- Konsequenzen bei Insolvenz des Auftraggebers

Weiter muss im Projektvertrag klar abgegrenzt werden, wer für was zuständig ist und wer in welchem Punkt zuarbeitet oder informiert wird. Diese Abgrenzung erfolgt am einfachsten und klarsten in einer RASCI-Tabelle. Dabei gilt:

R   Responsible: Verantwortlich für diese Tätigkeit oder Aufgabe. Diese Rolle ist auch dafür zuständig, dass die Aufgabe in Puncto Qualität, Leistungsumfang, Termin- und Budgeteinhaltung innerhalb der gegebenen Parameter abschliesst. Diese Rolle Gibt es normalerweise nur einmal für jede Zeile.

A   Accountable: Erteilt die Freigabe eines Teilprojektes, einer Aufgabe oder die Tätigkeit. Diese Rolle Gibt es immer genau einmal für jede Zeile.

S   Supportive: Hilft bei dieser Aufgabe mit oder liefert Informationen zum erfolgreichen Abschluss eines Teilprojektes, einer Aufgabe oder einer Tätigkeit.

C   Consulted: Liefert notwendige Pläne oder Informationen zum Erfolgreichen Abschluss eines Teilprojektes, einer Aufgabe oder einer Tätigkeit. Manchmal führt er auch eine Spezialistentätigkeit aus.

I   Informed: Wird über (Teil-)Ergebnisse und den Fortschritt auf dem Laufenden gehalten.

Rollen können auch kombiniert vorkommen. AR heisst, die Rollen A und R werden durch dieselbe Person wahrgenommen.

Beispiel einer (unvollständigen) RASCI-Tabelle:

Tätigkeit	PL	GL	AN	EP	PV
Freigabe des Projektes	R	A			
Abschliessen des Projektvertrages	AR	CS	CS		
Bau des Chassis-Prototypen	A		R		C
Evaluierung des Motors	A		R	C	I
Funktionalitätstest des Prototyp	A	I	CS	R	
Abnahme des Projekt-Endproduktes	CA	R	CS	S	S

PL = Projektleiter
GL = Geschäftsleitung des Auftraggebers
AN = Auftragnehmervertreter (Organisation wird AN-intern geregelt)
EP = Externer Pilot (Spezialist)
PV = Produktionsverantwortlicher (Linien-Manager)

3.3 Projekt-Initiierung

Hektisch geht es bei Herrn Raketentrieb zu, nachdem nach langen Diskussionen sein Projekt doch noch von der Geschäftsleitung abgesegnet wurde. Unbedacht verteilt er kleine Aufträge an verschiedene Mitarbeitende in der Firma. Diese kennen zwar den Gesamtplan nicht, geben aber trotzdem immer wieder ihr Bestes. So kommt es, dass Doppelspurigkeiten auftreten und vermehrt Fehlleistungen entstehen, was sich kostentreibend auswirkt.

Das Team Umsicht und Punktgenau baut die Projektinfrastruktur auf. Die Mitarbeitenden im Team haben sich auf Sharepoint als Steuerungstool geeinigt.

Sie identifizieren die Lieferobjekte des Projektes und setzen darauf die Projektstruktur auf.

Den Phasenplan erstellen die beiden Zuständigen aus dem Standard-Phasenplan für Entwicklungsprojekte. So kommen ein vernünftiger und planbarer Projektstrukturplan und ein Projektorganisationsplan zustande.

Jetzt ist es an der Zeit, mit einer detaillierten Ressourcenplanung zu beginnen, was Frau Punktgenau sofort angeht.

Die obigen Lieferobjekte bilden die Basis für den Aufbau des Zeit-, Kosten-, Investitions-, Risiko- und Änderungs-Managements sowie für das offene-Punkte-Management. All diese Management-Tools bildet sie als Sharepoint-Listen ab.

Nachdem alles vorbereitet ist, ruft Herr Umsicht zu einem Projekt-Kick-Off auf. Er lädt alle Projektmitarbeitenden und die wichtigsten Stakeholder zusammen. Um die vielen Menschen in einem Raum versammeln zu können, hat er für den Vormittag das nahegelegene Kino gemietet.

Das KickOff verläuft sehr gut:
- 10:00 Beginn, 40 Minuten Vortrag
- 10:40 40 Minuten Fragen der Teilnehmenden beantworten
- 11.20 5 Minuten abschliessende Worte
- 11:30 Mittags-Apéro im Foyer.

Die bilateralen Gespräche beim Apéro geben den Verantwortlichen weitere wichtige Überlegungen und Informationen mit auf den Weg.

Beim Aufräumen des Kinos sind Frau Punktgenau und Herr Umsicht sehr zufrieden, denn sie spüren, dass sie in den Mitarbeitenden konstruktives Motivations-Feuer entfachen konnten. Dies ist eine wichtige Voraussetzung für das Gelingen des Projektes.

Nach der Projektfreigabe stehen viele administrative Aufgaben an, um das Projekt starten zu können.

3.3.1 Definieren des Projektplanungs- und Steuerungstools

Herr Raketentrieb setzt kein Projektplanungs- und Steuerungstool ein. Er setzt auf eMail. Da er alle Aufgaben per eMail verschickt, hat er immer die komplette Aufgabenliste in den „gesendeten Elementen". Ist eine Aufgabe erledigt, wandert das Auftragsmail in einen Archiv-Ordner.

Das funktioniert im zuerst sehr gut. Weil nun aber die Geschäftsleitung einen Projektstatusbericht mit aufgelaufenen Kosten und einem Kosten-Forecast verlangt, kommt Herr Raketentrieb ins Schleudern. Wo soll er diese Zahlen hernehmen? Er schiebt eine Wochenendschicht und verschiedene Nachtschichten ein, um die verlangten Daten zu eruieren. Während einer Nachtschicht erleidet er einen Herzinfarkt. Er kann gerade noch Alarm geben. Sein Infarkt ist so ernst, dass die Ärzte Herrn Raketentrieb für drei Wochen in ein künstliches Koma versetzen.

Herr Springinsfeld, der Assistent von Projektleiter Raketentrieb, übernimmt nun alleine das Projekt. Er weiss von der Mail-Ablage und beantragt Zugriff auf die Mailbox von Herrn Raketentrieb. Der Sicherheitsbeauftragte der Firma lehnt den Zugriffsantrag mit der Begründung „Datenschutz persönlicher Daten" ab. Jetzt muss also Herr Springinsfeld alle Projektmitarbeitenden anschreiben und versuchen, von ihnen Kopien aller Mail-Aufträge zu erhalten. Das Projekt verzögert sich so um mehrere Tage.

Das Team Umsicht / Punktgenau hat sich in diesem Projekt aus Kostengründen für SharePoint Foundation als Planungs- und Steuerungstool entschieden. Die Einrichtung der Projektstrukturplanliste, der

Zeiterfassungs-Liste, der Investitions- und Kostenliste, der Offenen Punkteliste, der Stakeholderliste und des Risikoregisters ist schnell erledigt. Da Frau Punktgenau eine EXCEL-Expertin ist, baut sie auch noch ein kleines Projekt-Cockpit mittels EXCEL ein.

Alle Daten sind so jederzeit aktuell und die Anfrage der Geschäftsleitung nach aufgelaufenen und zukünftigen Projektkosten kann innert kürzester Zeit beantwortet werden.

Jede Information in diesem Tool ist projektbezogen, so dass bei einem Ausfall des Projektleiters eine Freigabe der Daten an einen Stellvertreter auch ohne Bewilligung des Datenschutzbeauftragten erfolgen kann.

Projekte werden in der Praxis oft auf ein reines Aufgabenmanagement reduziert. Das spiegelt sich auch in vielen auf dem Markt erhältlichen Tools wieder. Erfahrungsgemäss reicht ein reines Auftrags-Management bei weitem nicht aus, um ein Projekt erfolgreich zu führen.

Die Wahl des richtigen Planungstools ist von verschiedenen Faktoren abhängig, insbesondere davon, welche Tools bereits in Ihrer Firma im Einsatz sind. Stellen Sie sich Fragen wie:

- Gibt es ein ERP-System (SAP, Microsoft Dynamics…), welches mir Informationen über den Status von Bestellungen und Lieferungen gibt?
- Rapportieren die Mitarbeitenden bereits seit Beginn des Projektes ihre produktiven Arbeitsstunden auf Projektbasis in ein System? Wenn ja, rapportieren externe Mitarbeitende ihre Stunden auf dieselbe Weise?
- Gibt es ein eingeführtes Projektmanagement-Tool?
- Steht ein SharePoint-Server zur Verfügung?
- Wie wähle ich die Struktur der Dokumentenablage und wie verwalte ich die Versionen der Dokumente?
- Wie kommunizieren die Projektmitarbeitenden untereinander (Mail, Telefon, SharePoint, Telko…) und wie wird das Kommunizierte protokolliert?

3.3.2 Lieferobjekte und Teilprojekte

Herr Raketentrieb erstellt keine Teilprojekte - er hat ja nur ein Lieferobjekt: der Stropter. Doch dann, als er mit dem Stropter auf den Markt gehen will, eröffnet ihm das Verkehrsministerium, dass es keine Gesetzeserweiterung für den dreidimensionalen Verkehrsraum gebe.

Aus diesem Grund bleibt der Stropter fast zwei Jahre in der Garage, bis Raketentrieb das vergessene Teilprojekt „Verkehrsrecht" abgearbeitet hat.

Da es sich um ein Projekt mit grossem öffentlichen Interesse und viel rechtlichem Inhalt, handelt, wählt Herr Umsicht eine Projekt-Struktur mit folgenden Teilprojekten:

- Chassis und Karosserie
- Antrieb
- Verkehrsrecht
- Zulassungen
- Öffentlichkeitsarbeit und Interessengruppen
- Produktion
- Marketing und Verkauf

Mit dieser Struktur hat er jederzeit den Überblick über den Fortschritt seines Projektes, kann kritische Pfade identifizieren und entsprechend agieren.

Bei grösseren Projekten suchen Sie sich Lieferobjekte, die Sie mehr oder weniger unabhängig voneinander bearbeiten können und weisen Sie diesen eigene Teilprojekte zu.

3.3.3 Projektphasen

Die Planung in Phasen ermöglicht, das Projekt effizient zu kontrollieren und zu steuern. Fehlt der Phasenplan, besteht die Gefahr, dass die Qualität leidet, weil zum Beispiel der Intensivtest vergessen worden ist.

Die meisten Projekte enthalten die folgenden Phasen:

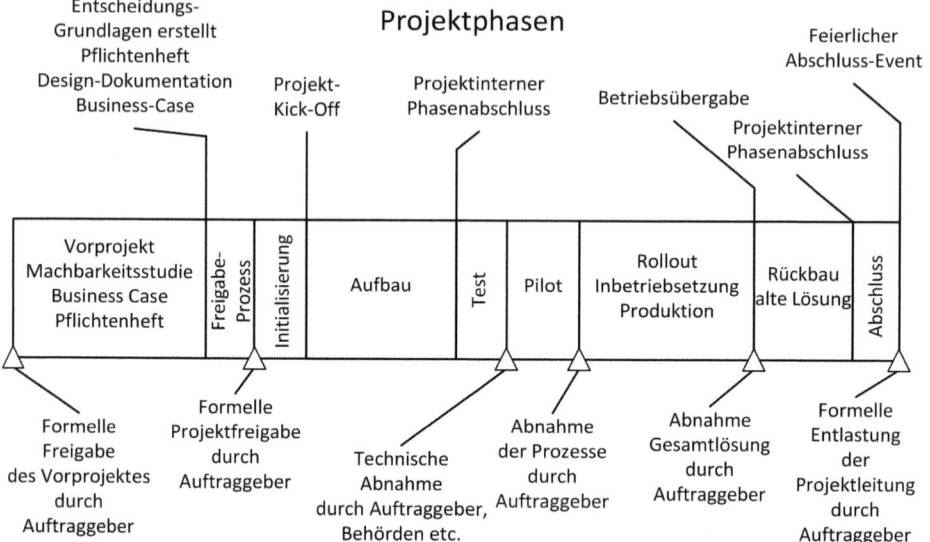

3.3.4 Projektstrukturplan
Sind Teilprojekte und Projektphasen festgelegt, kann der Projektstrukturplan erstellt werden.

3.3.5 Projektorganisation
Mit dem Projektstrukturplan ist die Basisstruktur der Projektorganisation bereits vorgegeben.

Der Projektleiter sucht sich geeignete Teilprojektleiter und - wenn nötig auch eine Projektassistenz und/oder einen Qualitäts- und Sicherheitsverantwortlichen. Selbstverständlich kann er auch bei genügender Kapazität ein Teilprojekt selbst übernehmen.

Er stellt nun mit den Teilprojektleitern zusammen die Liste der Wunschmitarbeitenden in den Teilprojekten zusammen. Die Rekrutierung erfolgt später (siehe Personal- oder Ressourcenmanagement).

3.3.6 Kostenmanagement

Die im Business-Case geplanten Investitionen, Kosten und Zeitbudgets werden auf die PSP-Elemente aufgeteilt. Dies ist enorm wichtig, um rechtzeitig erkennen zu können, wenn die Kosten aus der Ruder zu laufen drohen. Oftmals ist dies keine leichte Aufgabe, aber sie lohnt sich.

Der Projektleiter stellt sicher, dass sein Projektmanagement-Tool die laufenden Kosten und Investitionen verwalten kann.

3.3.7 Aufgabenmanagement

Im Idealfall plant der Teilprojektleiter die Aufgaben in seinem Teilprojekt unter Absprache mit dem Projektleiter. Jeder Aufgabe ist ein Zeit-, und eventuell ein Kosten- und/oder Investitionsbudget zugewiesen. So kann der beauftragte Projektmitarbeitende jederzeit erkennen, wenn eine Ausnahmesituation (Budgetüberschreitung) droht und entsprechend reagieren.

Wenn jede Aufgabe einem PSP-Element zugewiesen worden ist, kann ein übersichtliches Gantt-Diagramm (erfunden von Henry Gantt) erstellt werden:

PSP	Gantt Diagramm Titel	10.03	25.03	09.04	24.04	09.05	24.05	08.06	23.06	08.07	23.07	07.08	22.08
1.0.0.0	Projektfreigabe												
1.0.0.0	Projektleitung												
1.1.1.0	Design												
1.1.2.1	Chassis												
1.1.2.2	Antrieb												
1.1.3.0	Systemtest												
1.1.4.1	Pilotierung												
1.1.5.1	Mail Rollout Österreich												
1.2.1.0	Strassenverkehrsgesetz												
1.2.1.0	Zulassungen												

Projektmanagement-Tools erstellen die Gantt-Diagramme automatisch in mehr oder weniger akzeptabler Qualität.

3.3.8 Zeitmanagement

Um die Kosten auch während der Arbeit im Griff zu behalten, ist es unerlässlich, dass jeder Mitarbeitende seine produktiven Stunden auf das richtige PSP-Element im Projekt rapportiert. Ein entsprechendes Erfassungstool sollte bei Projektbeginn eingerichtet sein.

Das Zeitmanagement sollte am Projekt-Kickoff bereits kommuniziert werden. So ist sichergestellt, dass die Instruktionen zur Zeiterfassung wirklich das gesamte Zielpublikum erreichen und jeder weiss, wie er dieses Bedienen soll.

3.3.9 Personalmanagement (Ressourcenmanagement)

Herr Raketentrieb braucht Mitarbeitende im Projekt. So geht er im Betrieb herum und erzählt jedem Mitarbeitenden vom Stropter. Natürlich will jeder bei diesem innovativen Projekt mitmachen. Dabei vergessen die Mitarbeitenden, dass sie ja auch Aufgaben im Betrieb und in anderen Projekten zu erledigen haben. Sie übernehmen für den Stropter zusätzliche Aufgaben und arbeiten statt 8 bis zu 16 Stunden am Tag. Der Vorgesetzte wird hiervon von niemandem in Kenntnis gesetzt. Weil er gerade auf Dienstreise ist, weiss er über längere Zeit nichts davon. Er erfährt erst Ende Monat bei der Zeitabrechnung seiner Mitarbeitenden von der Sache.

Gerade am Abgabetag der Zeitabrechnung passiert es: ein überlasteter Mitarbeiter erleidet einen Herzstillstand und stirbt. Die Staatsanwaltschaft schaltet sich ein und stellt bald fest, dass in dieser Firma massiv gegen das Arbeitsgesetz verstossen wurde. Da der Vorgesetzte persönlich für die Einhaltung des Arbeitsgesetzes verantwortlich ist, wird er vor Gericht antreten müssen. Dass er im Vorfeld vom Projektleiter übergangen worden ist, spielt bei der Urteilssprechung keine Rolle.

Frau Punktgenau weiss, wann sie welche Skills (Fähigkeiten, Kenntnisse) benötigt und übergibt die Liste Herrn Umsicht. Dieser geht auf die Vorgesetzten im Betrieb zu und bespricht die Ressourcenanforderungen mit ihnen. Teilweise bekommt er eine zustimmende Antwort, teilweise eine ablehnende.

Für die zustimmenden Antworten trifft er mit den direkten Vorgesetzten der Mitarbeitenden eine Vereinbarung. Diese besagt, dass der Projektleiter verpflichtet ist, die vereinbarten Stunden in der vorgesehenen Zeitperiode abzunehmen und zu bezahlen, sofern nicht in einer definierten Vorlaufzeit eine Änderung dieser Absprache vereinbart wurde. Diese Lösung finden beide Parteien fair, denn der Projektleiter erhält die angeforderten Ressourcen zur vereinbarten Zeit und der Vorgesetzte kann sicher sein, dass sein Mitarbeiter bezahlt wird, auch wenn er vom Projekt nicht abgerufen werden sollte.

Für die fehlenden Ressourcen sucht Herr Umsicht mit den Linienverantwortlichen und Temporärbüros nach Lösungen. Diese Lösungen fliessen dann wieder zurück in die Projektplanung. Das Projekt kann ohne Einschränkungen des Betriebes weiterlaufen.

Personalmanagement ist ein Thema, das oft vernachlässigt wird. In einer Matrixorganisation kann dies verheerende Folgen haben. In der Matrixorganisation ist der Projektleiter der Fachverantwortliche. Die disziplinarische Verantwortung bleibt aber weiterhin in der hierarchischen Linie. Somit ist das Projekt der „Leistungsbezüger" und die Linie (der Betrieb) der „Leistungslieferant".

Um Verschwendung zu vermeiden, sollte auf Basis „ungestörte Zeit für das Projekt pro Woche" und nicht auf Basis „% der Gesamtkapazität" verhandelt werden.

3.3.10 Statusmeetings
Da Herr Raketentrieb mal wieder nicht genau weiss, woran jeder Projektmitarbeitende arbeitet, ruft er alle zu einem Ad-hoc-Meeting zusammen. Wichtige Mitarbeitende fehlen jedoch, weil sie gerade nicht im Hause sind.

Am Meeting erläutert der Chassisbauer seine Probleme mit dem Einbau des Antriebs. Es beginnt eine Diskussion zwischen dem Chassibauer und dem Antriebsingenieur. Die Diskussion dauert 15 Minuten und alle anderen hören den beiden gelangweilt zu. Sie verschwenden so unproduktive Zeit.

Herr Raketentrieb kommt nicht zu den gewünschten Informationen.

Frau Punktgenau hält jeden Freitag um 14 Uhr ein Statusmeeting mit den Teilprojektleitern ab. Wer nicht persönlich anwesend sein kann, wird per Telko zugeschaltet oder schickt einen Stellvertreter. Es gilt die Regel, dass jeder Teilprojekteiter auf einer Folie das Wichtigste seines Teilprojektes präsentiert. Jeder hat eine Zeitlimite von 5 Minuten. So muss sich der Teilprojektleiter entscheiden, welches für die anderen die wichtigen Informationen sind, und niemand verzettelt sich in Details.

Sichergestellt ist ebenfalls, dass das Sitzungszimmer nach den Präsentationen noch 60 Minuten reserviert bleibt für bilaterale Abstimmungen. Dies bietet Gewähr, dass jeder Teilprojektleiter nur an jenen Diskussionen teilnimmt, welche ihn selber betreffen.

Planen Sie regelmässig Statusmeetings mit den Teilprojektleitern. Dabei gilt: besser häufiger und kurz als selten und lang. Je nach Projekt ist ein Statusmeeting wöchentlich oder 2-wöchentlich angebracht.

Auch in Projekten mit regionaler oder globaler Abdeckung sollten Statusmeetings in kurzen regelmässigen Intervallen erfolgen. Reisekosten und Reisezeiten können durch Telefonkonferenzen eingespart werden. Die technischen Möglichkeiten sind heute so weit fortgeschritten, dass dabei nichts vermisst wird. Zu erwähnen sind hier Web-Cams und die Übertragung von Bildschirminhalten.

Statusmeetings verstehen sich als Plattform für allgemeinen Informationsaustausch. Moderieren Sie die Sitzung so, dass keine Neben- oder Zweiergespräche geführt werden können. Es braucht unnötig Zeit, wenn sich zwei Teilprojektleiter bis ins kleinste Detail absprechen und die anderen Sitzungsteilnehmenden dabeisitzen und sich langweilen.

Im Idealfall gibt der Projektleiter das Folien-Template (die Vorlage) vor, mit welchem die Teilprojektleiter den Status ihrer Teilprojekte rapportieren. Dabei gilt: im Normalfall genügt eine Folie pro Teilprojekt. Eine mögliche Form eines solchen Template ist:

Projekt: {Projektname}	Teilprojekt: {Name des Teilprojektes}				Teilprojektleiter: {TPL}
	Lieferobjekte ●●	Termine ●●	Kosten ●●	Gesamt ●●	
Erreichtes					
Aktivitäten					
Ressourcen Mitarbeitende					
Hindernisse Schwierigkeiten					
Abstimmungsbedarf Entscheidungsbedarf					
Nächte Schritte					
Weitere Infos					
Datum: {heute}	Ersteller: {Name}				Seite: {Seite}

3.3.11 Offene Punkte (Open Issues)

Herr Raketentrieb weiss inzwischen, dass sein Design Lücken aufweist. Deshalb führt er parallel eine Feature-Liste (eine Liste der Funktionen und Möglichkeiten des Stropters). Da immer wieder neue Ideen auftauchen, wächst diese Liste ständig. Was jedoch im Stropter -Projekt fehlt, ist ein klarer Prozess, um solche Features aufzunehmen. Je weiter das Projekt fortschreitet, desto länger wird die Feature-Liste. Schliesslich wirkt sich das aber so aus, dass das Projekt kaum je fertig wird und die Projektkosten unangemessen ansteigen.

Frau Punktgenau führt seit Projektbeginn eine Open Issue List (eine Liste mit offenen Punkten). Hier kommen alle Ideen, Testergebnisse mit negativem Ergebnis, Wünsche für neue Funktionen usw. herein. Sie unterscheidet die offenen Punkte klar unter „projektrelevante Punkte", welche im Rahmen des Projektauftrages erledigt werden müssen und zusätzliche Features, welche nicht im Pflichtenheft erwähnt sind und somit eine Funktionserweiterung oder eine Designänderung beinhalten.

Projektrelevante offene Punkte sind z.B. negative Testergebnisse, welche mit einer Überarbeitung zu einem positiven Ergebnis gebracht werden müssen. Dazu zählt z.B. wenn beim Volairmobil im Flugbetrieb mehr Lärm gemessen wird als im Pflichtenheft vorgegeben ist. Solche Punkte lässt sie im Projekt lösen. Ein Änderungsantrag ist nicht notwendig, da sich die Lösung innerhalb der Projektvorgaben bewegt.

Sie hat einen offenen Punkt auf ihrer Liste, der besagt, dass der Gesetzgeber nachträglich erlassen hat, dass der Lärmpegel um weitere 10 dB gegenüber der Beschreibung im Pflichtenheft gesenkt werden muss, bevor das Volairmobil die Zulassung erteilt bekommt. Obwohl diese Anforderung für das Projekt ein Killerkriterium ist, bedingt dieser nun offene Punkt einen Änderungsantrag, der monetär und in Bezug auf Termine und Ressourcen beurteilt werden muss. Auch dieser Änderungsantrag muss dem Projektlenkungsausschuss zur Genehmigung vorgelegt werden.

Ein Stakeholder der lokalen Feuerwehr hat zwischenzeitlich noch eine sinnvolle Funktionserweiterung vorgeschlagen. Diese Erweiterung soll es ermöglichen, bei einem Unfall, bei dem ein Volairmobil zufällig vorbeikommt, einen aufgetretenen Brandherd aus der Luft zu löschen. Das war zu Beginn nicht vorgesehen und so kommt diese Idee auf die offene-Punkte-Liste. Daraus wird ein Änderungsantrag und der Projektlenkungsausschuss befindet darüber, ob diese neue Funktion eingebaut werden soll oder nicht. Bei ablehnender Entscheidung wird dies beim offenen Punkt vermerkt und der Punkt wird geschlossen. Wird der Offene Punkt jedoch akzeptiert und die Zusatzkosten freigegeben, wird er in das Pflichtenheft eingearbeitet und erhält eine neue Versionsnummer.

Bei diesem Vorgehen hat Frau Punktgenau Kosten, Ressourcen und Termine jederzeit voll im Griff.

Ganz wichtig ist es, eine Liste mit offenen Punkten zu führen. Offene Punkte entstehen oft beim Kunden und sind generell nicht im Pflichtenheft vereinbart. Als Projektleiter müssen Sie entscheiden, ob ein offener Punkt im Projekt bearbeitet oder als Projektänderungsantrag geführt werden muss. Es ist vorteilhaft, sich bei dieser Entscheidung streng an das Pflichtenheft und das Design zu halten.

Ein offener Punkt enthält ein Statusfeld mit folgenden möglichen Stati:
- Erfasst
- Akzeptiert
- Abgelehnt
- Weiterverfolgung als Änderungsantrag
- In Arbeit
- Erledigt

Offene Punkte, die im Projekt erledigt werden müssen:
- Jeder Punkt wird einem Projektmitarbeitenden zugewiesen
- Jeder offene Punkt, der im Projekt bearbeitet werden muss, wird einem PSP-Element zugewiesen, um die Kosten des Projektes im Griff zu behalten.
- Jeder offene Punkt enthält ein einzuhaltendes Erledigungsdatum. Der Projektleiter kontrolliert die Einhaltung aller Daten. Die Kontrolle der Datumseinhaltung ist wichtig, weil die Stimmung des Kunden oft stark von der Abarbeitung der offenen Punkte abhängt.

Offene Punkte, die als Projektänderungsantrag geführt werden müssen:
Solche offenen Punkte werden durch einen Projektänderungsantrag ersetzt. Der Status wird auf Änderungsantrag (Change Request) gesetzt und dann nicht weiter als offener Punkt behandelt.

3.3.12 Risikomanagement
Spätestens jetzt sollte das Risikomanagement ins Leben gerufen und die Risiken identifiziert werden. (Siehe früheres Kapitel).

3.3.13 Kommunikationskonzept
Die Presse hat das Gerücht aufgeschnappt, dass derzeit ein Stropter entwickelt werde. Die Journalisten versuchen, mehr Informationen zu erhalten. Herr Raketentrieb hat den Empfang beauftragt, solche Telefonate nicht zu ihm durchzustellen. Deshalb versuchen nun die Journalisten, an die Projektmitarbeitenden zu gelangen. Diese wurden nicht instruiert und erzählen arglos, was sie wissen.

Die Journalisten erhalten so ein Flickwerk an Informationen und verbreiten lückenhaftes Wissen in den Medien. Daraufhin entstehen im Internet diverse Diskussionsforen, welche mehr und mehr spekulativen Charakter annehmen. Diese Spekulationen fördern die Entwicklung und Markteinführung des Stropters in keinster Weise.

Herr Umsicht hat bereits am KickOff klare Kommunikationsvorschriften erlassen. Sie besagen, dass Informationen niemals und von niemandem an Aussenstehende abgegeben werden dürfen. Informationen nach aussen dürfen nur durch die Kommunikationssprecherin der Firma, Frau Informella Klartext, erfolgen.

Da jeder und jede Projektmitarbeitende diese Regel kennt, verweist er journalistische Anfragen an Frau Klartext. Diese gibt präzise nur jene Informationen bekannt, die vom Projektleitungsausschuss freigegeben worden sind. Da jeder Journalist dieselben Informationen erhält, laufen allfällige Internet-Diskussionen gelenkter ab.

Das Kommunikationskonzept beschreibt wann, wer, wie und von wem informiert wird. Beispiele folgen auf der nächsten Seite.

Informationskonzept zu Handen des Lenkungsausschusses:

- Wöchentliches Projektreporting kann abgeholt werden auf http://....
- Alle zwei Monate findet ein Statusmeeting mit dem Lenkungsausschuss statt. Der Projektleiter präsentiert den aktuellen Status.

Informationskonzept zu Handen der Medien:

- Nur Frau Informella Klartext ist berechtigt, die Medien mit Informationen zu versorgen.
- Projektmitarbeitenden ist es nicht gestattet, Informationen an die Öffentlichkeit weiterzugeben. Es ist ihnen auch nicht erlaubt, Informationen zum Projekt an unbeteiligte interne Mitarbeitende weiterzugeben.

3.3.14 Projekt-KickOff

Wenn alles aufgesetzt ist, fehlt nur noch die Präsentation für das Projekt-Kick-Off. Dies ist ein grosser Event, zu welchem alle Projektmitarbeitenden eingeladen werden. Obwohl sehr viel Information weitergegeben werden muss, darf das KickOff nicht in eine Folienschlacht ausarten.

Folgende Themen sollten dennoch mindestens mit je einer Folie behandelt werden:

- Vorstellung des Kunden, falls es sich um ein Kundenprojekt handelt. In diesem Fall wäre es ideal, wenn ein Kundenvertreter beim KickOff dabei wäre
- Ziel des Projektes und geplanter Zeitrahmen
- Projektorganisation
- Ausnahmeprozess (wann muss eine Ausnahme gemeldet werden?)
- Änderungsmanagement (eine Abweichung vom Pflichtenheft wird nicht toleriert)
- Aufgabendokumentation (wo wird der Fortschritt der Aufgaben dokumentier?)
- Organisation der Dokumentenablage
- Wie wird die produktive Zeit von den Projektmitarbeitenden erfasst
- Was darf zu wem und wann kommuniziert werden und was nicht

Die Präsentation sollte 45 Minuten nicht überschreiten, anschliessend sollte stets genügend Zeit für eine Fragerunde eingeplant sein.

Das Projekt-KickOff ist eines der wenigen Meetings, welches nicht über Telefonkonferenz erfolgen sollte. Um Reisekosten zu sparen, kann das Projekt-KickOff auch gestaffelt an verschiedenen Orten stattfinden. Nur wenn es nicht anders geht, können einzelne Teilnehmende in einer Telko dazu geschaltet werden.

3.4 BUILD (AUFBAU)

Herr Raketentrieb hat es eilig mit dem Bau seines ersten Stropters. Er weist seine Projektmitarbeitenden an, alles zu tun, damit die Termine eingehalten werden können. Dabei nimmt er in Kauf, dass die Dokumentation im Nachhinein geschrieben wird. Kurz vor Fertigstellung des Stropters sollt der Antrieb getestet werden. Dazu kommt es aber nicht, denn Schweissarbeiten verursachten während der Betankung eine Explosion. Vom Prototypen des Stropters kann nichts gerettet werden. Wie durch Zufall wurde niemand verletzt. Da aber keine Dokumentation vorhanden ist, muss die gesamte Phase nochmals von vorne durchlaufen werden.

Herr Umsicht achtet darauf, dass die Dokumentationen trotz Termindruck stets aktuell gehalten werden. Frau Punktgenau legt auch grossen Wert auf die Qualität der Dokumentationen und aus Sicherheitsgründen auf eine externe Lagerung. Als des Nachts ein schwerer Lastwagen von der nahe gelegenen Strasse abkommt und mit Vollgas durch die Fenster des Projektgebäudes „Volairmobil" rast, wird der Prototyp vollkommen zerstört. Dank der externen Aufzeichnungen kann der Prototyp innert kürzester Frist in einem anderen Gebäude wieder genauso nachgebaut werden, wie er vorher war.

| Idee | BID | Konzept | Design | **Build** ⬇ | Test | Pilot | Rollout | Rückbau | Abschluss |

Beschreibung der Phase	• Aufbau der Lösung, streng nach Pflichtenheft und Designvorgaben. • Änderungen erfolgen konsequent nur nach den Regeln des Änderungsmanagements (Change-Request-Management) • Abrechnung von Investitionen, Kosten und Zeit auf Basis des Projektstrukturplans (PSP-Elementen)
Dokumente Produkte aus dem Projekt	• Fertig bereitgestellte technische Lösung • Betriebshandbuch für Administratoren • Beschreibung der Betriebsprozesse und Schnittstellen zwischen Kunde und Provider (Dienstleistungserbringer bei Service-Leistungen)
Quality-Gate für die nächste Phase	• Projekt-internes Dokumenten-Review • Interne Lösungsabnahme • Aktualisierter Business-Case • Aktualisiertes Pflichtenheft
Beachten	• Änderungsmanagement durchsetzen, um Kosten, Termine und Qualität im Griff zu behalten. • Status-, resp. Abstimmungsmeetings sind in dieser Phase extrem wichtig. • Arbeiten nach Testplänen für die internen Tests
Hauptfehler	• Zu wenig ins Detail gehendes Design, welches Interpretationsspielraum offen lässt. • Fehlende Abstimmung zwischen den Teilprojekten führen zu Terminverzug.

In der Aufbauphase wird das Produkt gebaut. Die meisten Teilprojekte haben Schnittstellen zu anderen Teilprojekten und sind auf Zwischenergebnisse von anderen Teilprojekten angewiesen. So braucht das Teilprojekt „Karosserie" eventuell schon sehr früh einen Prototypen aus dem Teilprojekt Chassis. Wenn die Dringlichkeit im Teilprojekt „Chassis" bei der Planung nicht erkannt würde, wäre der Chassis-Prototyp ohne Abstimmung unter den Teilprojekten viel zu spät fertig und würde das Teilprojekt „Karosserie" blockieren.

Die Aufgabenplanung sollte nicht allein den Teilprojektleitern überlassen werden. Hier zahlt es sich aus, nach der individuellen Planungsphase in den Teilprojekten ein längeres gemeinsames Abstimmungsmeeting abzuhalten, wo die Schnittstellen identifiziert und aufeinander abgestimmte Lösungen gefunden werden.

Interne Tests gehören in die Aufbauphase. Es empfiehlt sich, nach einem Testplan vorzugehen. Im Testplan wird jeder einzelne Test wie folgt beschrieben:

- Beschreibung des Testszenarios
- Erwartetes Ergebnis
- Tatsächliches Ergebnis
- Teststatus (Offen, Fehler, OK)

Tipp:
Systeme verhalten sich unter Last oft anders als im Leerlauf. Führen Sie also auch Belastungstests durch bei Systemen, in denen die Menge (Anzahl Endanwender, Stückzahl in der Produktion usw.) eine Rolle spielt. Manchmal gibt es dazu auch bereits Last-Simulatoren.

Quality-Gate für den Phasenübergang
Für den Übergang in die Test-Phase werden die nachfolgend aufgeführten Dokumente benötigt. Diese werden während der Build-Phase erstellt und über den Prozess „Dokumentenüberarbeitung" qualitativ gesichert:

- Betriebshandbuch für Betreiber inkl. Systemdokumentation
- Betriebshandbuch für Endanwender
- Überarbeiteter Business-Case mit den Ist-Zahlen der Aufbauphase
- Ausgefüllte Testpläne

Es empfiehlt sich, diese Dokumente nach einem internen Quality-Gate in die nächste Phase mitzunehmen.

3.5 TEST

Der Prototyp des Stropters ist fertig. Herr Raketentrieb lässt umgehend 10 weitere Stropter fertigen, um sie den „VIP-Kunden" zu übergeben. Diese melden sofort einen kritischen Systemfehler: Beim Senkrechtstart dreht das Aeromobil immer nach links ab. Dadurch kommt der fliegende Stropter der Gegenfahrbahn sehr nahe. Zwei Stropter erlitten dadurch einen Zusammenstoss in der Luft. Die VIP-Kunden akzeptieren diesen Fehler nicht und retournieren die Stropter. Zurück bleibt ein Reputationsverlust für die Firma.

Frau Punktgenau arbeitet einen exakten Testplan aus. Sie beschreibt das Testszenario und das erwartete Resultat. Dann wird der Prototyp getestet. Der Linksdrall beim Abheben wird sofort erkannt, protokolliert und behoben. Die nächste Phase wird erst dann eingeleitet, wenn alle Tests positiv verlaufen sind.

| Idee | BID | Konzept | Design | Build | **Test** ⬇ | Pilot | Rollout | Rückbau | Abschluss |

Beschreibung der Phase	• Test der Lösung durch den Kunden (Ausgewählte Mitarbeitende aus verschiedenen Abteilungen oder Sparten) • Führen der Liste offener Punkte und Abarbeiten der Punkte • Business-Case und Pflichtenheft aktuell halten
Dokumente Produkte aus dem Projekt	• Liste der offenen Punkte • Betriebshandbuch für Endanwender • Korrigierte Lösung
Quality-Gate für die nächste Phase	• Keine offenen Punkt mit Status «kritisch» • Formelle Abnahme der technischen Lösung durch den Kunden/ Auftraggeber. • Aktualisiertes Pflichtenheft und Design • Aktualisierter Business-Case
Beachten	• Der Kunde / Auftraggeber muss Stellung beziehen. Keinen Phasenübergang ohne erfolgte Abnahme akzeptieren.
Hauptfehler	• Zusagen machen bei Bemängelung von Punkten, welche gar nicht oder anderslautend im Pflichtenheft oder Design verankert sind.

In der Testphase werden ausgewählte Endanwender, Kunden oder Nutzer mit eingebunden. Diese sollen das Produkt nach ihren eigenen Methoden testen. Die Befunde werden in der Offenen-Punkte-Liste eingetragen.

Es sollten nicht nur „Power User" mit den Tests beauftragt werden. Zufällig ausgewählte Mitarbeitende finden oft ganz andere Fehler als Fachpersonen.

Die neuen offenen Punkte werden entsprechend den Projektregeln für offene Punkte abgearbeitet.

In dieser Phase reagiert der Kunde erfahrungsgemäss sehr sensibel auf die offenen Punkte. Deshalb muss der Projektleiter genügend Zeit für Kundenkommunikation einplanen.

Quality-Gate für den Phasenübergang
Neben den Betriebshandbüchern wird das Dokument der technischen Abnahme benötigt. Auf diesem Dokument bestätigt der Kunde, respektive der Auftraggeber, mit seiner Unterschrift die korrekte technische Umsetzung des Pflichtenheftes des gelieferten Objektes. Die Formulierung könnte wie folgt aussehen:
Der Unterzeichnende bestätigt, dass
- *Die erstellte Lösung in allen Punkten dem Pflichtenheft entspricht*
- *Die Tests erfolgreich verlaufen sind*
- *Die technische Abnahme der Lösung hiermit erfolgt.*

Des Weiteren gehört ein überarbeiteter Business-Case mit den Ist-Zahlen der Testphase zum Quality-Gate.

3.6 PILOTIERUNG

Herr Raketentrieb hat die Phasen „Test" und „Pilot" wie oben beschrieben miteinander vermischt. Seine schlechten Erfahrungen hat er dabei gemacht. Da er den Stropter nur von VIP's testen liess, tauchte das Problem nicht auf, dass der Antrieb für Extremsituationen (hohe Last, dünne Luft) umkonfiguriert werden müsste.

Herr Raketentrieb lässt in der Folge diese Umkonfiguration implementieren und startet dann die Serienproduktion das Stropters. Die Qualitätsprobleme durch Überhitzung des Montageroboters beim Motoreneinbau bemerkt er zunächst nicht. Erst als die ersten Garantiefälle (extreme Fibrationen) auftreten, geht er dem Problem nach.

Herr Umsicht ist sicher, dass die Qualität seiner Volairmobils in Ordnung ist. Schliesslich sind alle Tests von Frau Punktgenau erfolgreich abgeschlossen worden. Er wählt gezielt Testpersonen aus, welche das Volairmobil als erstes erhalten. Dabei sind: ein Manager, ein Berufspilot, ein Verkehrspolizist, eine Hausfrau, ein schwergewichtiger Ringer und ein Alpwirt. Diese Personen benützen das Volairmobil im täglichen Einsatz und melden „Befunde", falls irgendetwas nicht ihren Wünschen entspricht. Rückmeldungen des Ringers und des Alpwirts zeigen, dass der Vertikalantrieb wohl den Spezifikationen entspricht, im Alltagsbetrieb aber trotzdem sehr schwach ausgelegt ist. Bei starkem Ladungsgewicht, resp. dünner Luft, sind die Flugeigenschaften nicht mehr optimal. Eine leichte Korrektur der Antriebsparameter löst dies, bevor das Volairmobil in den Verkauf gelangt.

Nach der funktionellen Pilotierung lässt Herr Umsicht eine Woche lang in der Produktion mehrere Volairmobils bauen. Er achtet darauf, dass die Produktionsbedingungen exakt dieselben sind wie bei der späteren Serienproduktion. Nach dieser Woche wird die Produktion gestoppt und die Resultate werden ausgewertet. Wenn die Resultate der „Produktion unter Last" OK sind, kann der nächste Phasenübergang eingeleitet werden.

Idee | BID | Konzept | Design | Build | Test | **Pilot** ⬇ | Rollout | Rückbau | Abschluss	
Beschreibung der Phase	• In der Pilotphase werden die Prozesse getestet, mit welchen die Lösung «verteilt» wird. «Verteilen» kann verschiedenste Aspekte beinhalten wie: Umstellen, Verkaufen, in Betrieb nehmen usw.
Dokumente	• Eindeutige Anweisungen und Prozessbeschreibungen, wie das Produkt «verteilt» wird. «verteilt» kann je nach Projekt sein: produziert, vertrieben, unter die Leute gebracht, scharf geschaltet...
Quality-Gate für die nächste Phase	• Abnahmedokument für die Verteilungsprozesse (gegenseitig unterschrieben) • Aktualisierter Business-Case • Gegebenenfalls aktualisiertes Pflichtenheft und Design
Beachten	• Alle Möglichkeiten der «Verteilung» testen. Die Art der Verteilung hängt stark von der Art des Projektes ab und kann hier nicht abschliessend dargestellt werden. «Verteilung» kann sein: Verkaufen, Umstellen, Ersetzen usw.
Hauptfehler	• Massenrollout wird nicht berücksichtigt. Die Pilotierung dient dazu, die Prozesse zu testen. Dabei wird die hohe Belastung auf das System bei einem Massenrollout nicht getestet. Die Lastkomponente muss auf andere Art ermittelt werden.

In der Pilotphase werden die Prozesse der Markteinführung, Inbetriebnahme und/oder der Migration erstellt und getestet. Je nach Projektart sind diese Prozesse unterschiedlich gestaltet.

Ziel der Pilotphase ist es, die Einführungsprozesse auf Fehler zu überprüfen, bevor das Produkt an die Masse verkauft wird.

In dieser Phase wird die Lösung an eine ausgewählte Anwendergruppe abgegeben. Dabei werden alle Prozesse des Rollout, resp. der Inbetriebsetzung oder des Verkaufs vollständig angewendet. Bei Fehlern in den Prozessen werden diese zuerst korrigiert und dann ein weiterer Pilotprozess gestartet. Dies wird so lange wiederholt, bis das Quality-Gate fehlerfrei passiert werden kann.

Quality-Gate für den Phasenübergang
Nun wird das formelle Dokument der Prozess-Abnahme benötigt. Auf diesem Dokument bestätigt der Kunde, respektive der Auftraggeber den korrekten Ablauf der Verkaufs- resp. Umstellungsprozesse. Die Formulierung könnte wie folgt aussehen:
Der Unterzeichnende bestätigt, dass
- *Die Verkaufs-, Verteilungs- und Umstellungsprozesse korrekt ablaufen.*
- *Die Produktion unter Normallast alle Qualitätskriterien erfüllt.*
- *Die Prozessabnahme der Lösung ist hiermit erfolgt ist.*

Des Weiteren gehört ein überarbeiteter Business-Case mit den Ist-Zahlen der Pilotphase zum Quality-Gate.

3.7 ROLLOUT / INBETRIEBSETZUNG

Heute ist der grosse Tag. 1000 Stropter wurden bereits produziert und werden ab heute verkauft. Die Freude dauert bei Herrn Raketentrieb aber nicht lange an. Kunden reklamieren das Flugverhalten in Extremsituationen. Die Garantiefälle häufen sich. Ein Stropter ist in den hohen Alpen beim Überfliegen einer Kuhherde seitlich abgeschmiert und in eine Schlucht gestürzt, weshalb die Firma in einen teuren juristischen Prozess verwickelt wird. Der Richter verordnet einen Verkaufs-Stopp, bis die Probleme behoben sind. Das Internet ist voller negativer Blogs- und Twittermeldungen über der Stropter.

Beim Team Umsicht / Punktgenau herrscht Freude. Der Verkauf ist angerollt. Aufgrund der vorgängigen Qualitätssicherungsmassnahmen gibt es kaum Reklamationen und Garantiefälle. Im Internet wird das neue Verkehrsmittel gelobt.

Beschreibung der Phase	• In der Rolloutphase wird die Lösung unter Verwendung der Prozesse aus der Pilotphase an die Zielgruppe verteilt. • Gleichzeitig erfolgt die Betriebsübergabe.
Dokumente	• Rollout-Plan • Kundenabnahme
Quality-Gate für die nächste Phase	• Abnahme der Gesamtlösung durch den Kunden/Auftraggeber (vom Kunden unterschrieben) • Aktualisierter Business Case • Bei Bedarf: aktualisiertes Pflichtenheft und Design • Betriebsübergabe (unterschrieben von Projektleiter und Betreiber)
Beachten	• In dieser Phase gibt es erfahrungsmäss oft Änderungswünsche der Kundenanforderungen, z.B. in der Menge und den Lokationen. • Auch hier gilt immer noch, dass solche Änderungen den Änderungsprozess durchlaufen müssen.
Hauptfehler	• Durchführen von Ad-Hoc-Tätigkeiten beim Endkunden, welche in den Rollout-Prozessen nicht festgelegt werden, können teuer werden und Termin- und Kostentreue verletzen.

In der Rollout-Phase erfolgt die Umstellung auf die Massenproduktion, die definitive Markteinführung oder je nach Art des Projektes, die Umschaltung auf das neu gebaute System. Die Dauer der Rollout-Phase ist ebenfalls sehr projektabhängig und gestaltet sich sehr kurz bis sehr lang.

In dieser Phase erfolgt auch die Betriebsübergabe an die Betreiberorganisation. Das ist bereits die Einleitung der Projektauflösung.

Quality-Gate für den Phasenübergang
Es wird das formelle Dokument der Lösungs-Abnahme benötigt. Auf diesem Dokument bestätigt der Kunde, respektive der Auftraggeber mit seiner Unterschrift die erfolgte Betriebsübergabe und entlastet damit das Projekt. Die Formulierung könnte wie folgt aussehen:

Der Unterzeichnende bestätigt, dass

- *Die Betriebsübergabe erfolgt ist.*
- *Die Lösung in ihrer Gesamtheit abgenommen ist.*

Des Weiteren gehört ein überarbeiteter Business-Case mit den Ist-Zahlen der Rolloutphase zum Quality-Gate.

3.8 RÜCKBAU DER ALTEN LÖSUNG

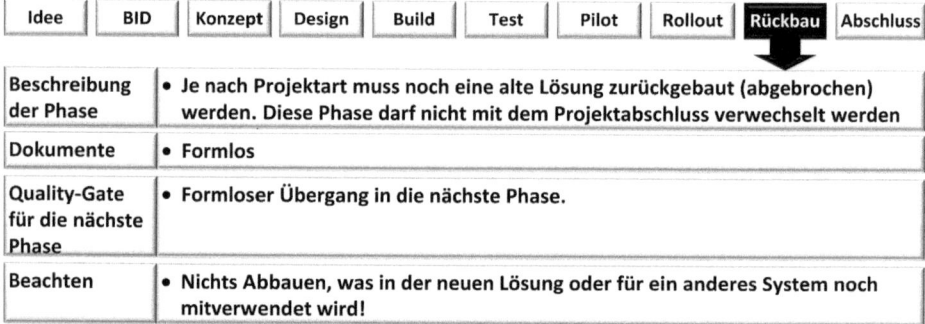

Beschreibung der Phase	• Je nach Projektart muss noch eine alte Lösung zurückgebaut (abgebrochen) werden. Diese Phase darf nicht mit dem Projektabschluss verwechselt werden
Dokumente	• Formlos
Quality-Gate für die nächste Phase	• Formloser Übergang in die nächste Phase.
Beachten	• Nichts Abbauen, was in der neuen Lösung oder für ein anderes System noch mitverwendet wird!

Je nachdem, ob eine alte Lösung durch eine neue ersetzt worden ist, muss jetzt noch das alte System abgebrochen oder die Produktion des Vorgängermodelles gestoppt werden. Dies ist im Normalfall auch eine Projektaufgabe.

Quality-Gate für den Phasenübergang
Je nach Art des Abbaus ist dies ein rein projektinternes Quality-Gate, welches auch der Projektleiter freigeben kann.

3.9 Projekt Cleanup

Wie die Initiierung ist das Cleanup eine rein administrative Phase.

| Idee | BID | Konzept | Design | Build | Test | Pilot | Rollout | Rückbau | **Abschluss** |

Beschreibung der Phase	Rein administrative Phase: • Finanzieller Projektabschluss • Archivieren der Projektdokumentation • Letzte Präsentation vor dem Lenkungsausschuss • Auflösung der Projektorganisation
Dokumente	• Abschlusspräsentation • Aktualisierter Business-Case, Pflichtenheft und Design (nur noch IST-Zahlen) • Lessons Learned (Diese Fehler machen wir im nächsten Projekt nicht mehr) • Beurteilung des Projektes durch den Lenkungsausschuss (Zielerreichung der Projektleitung)
Quality-Gate für die nächste Phase	• Abnahme des Projektes und formelle Entlastung der Projektleitung durch den Auftraggeber / Kunden

- Finanzieller Projektabschluss
- Erstellung des letzten Business-Case mit ist-Zahlen, statt Budget-Zahlen
- Archivierung der Projektdokumentation gemäss Firmenvorgaben.
- Auflisten der gelernten Lektionen (Lessons learned) → Aus Fehlern wird man klug.
- Erstellen einer Abschlusspräsentation
- Präsentation vor und letztes Meeting mit dem Lenkungsausschuss

Quality-Gate für den Phasen- resp. Projektabschluss
Der Lenkungsausschuss erteilt dem Projektleiter formell Entlastung.

Und zuletzt folgt ein feierlicher Projektabschluss.

Jabbadabbaduuuuuuu!

Vorwort:

Aus dem Nichts entsteht alles.

Fülle dieses Buch mit deinen Gedanken,

mit deinen Erfahrungen, mit deinen Lehren.

Lasse dich inspirieren durch Meditation,

Ruhe und dein Denken.

Es ist dein Weg zum inneren Frieden.

Bibliografische Information durch die Deutsche Nationalbibliothek

Die Deutsche Nationalbibliothek verzeichnet diese Publikation in der Deutschen Nationalbibliografie; detaillierte bibliografische Daten sind im Internet über http://dnb.dnb.de abrufbar.

© 2016 Renate Sültz & Uwe H. Sültz

Herstellung und Verlag:

BoD – Books on Demand, Norderstedt

ISBN 978-3-73924-525-6

Renate Sültz und Uwe H. Sültz

Esoterik

Mein Tagebuch

BoD - Books on Demand

Norderstedt 2016